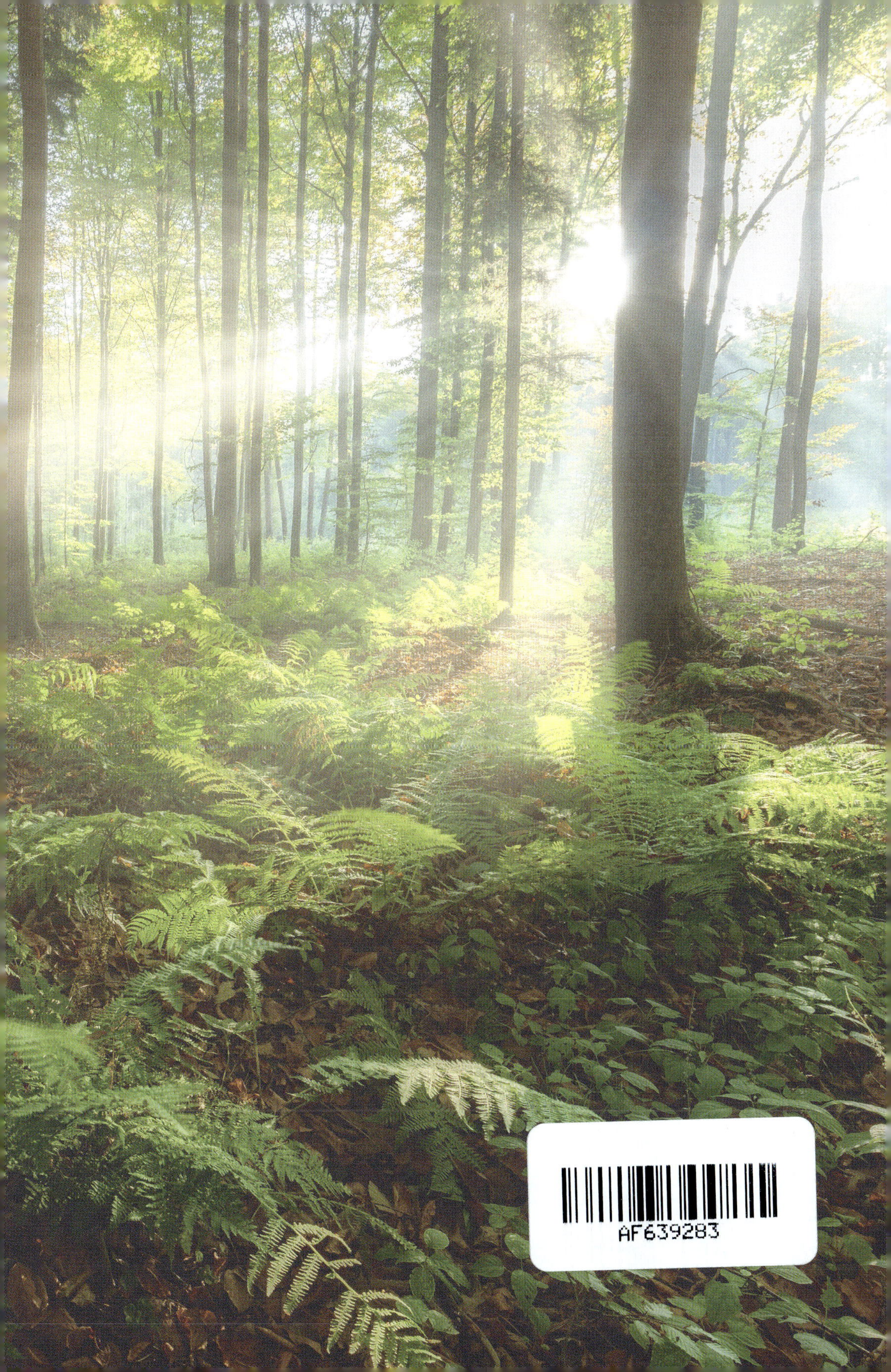

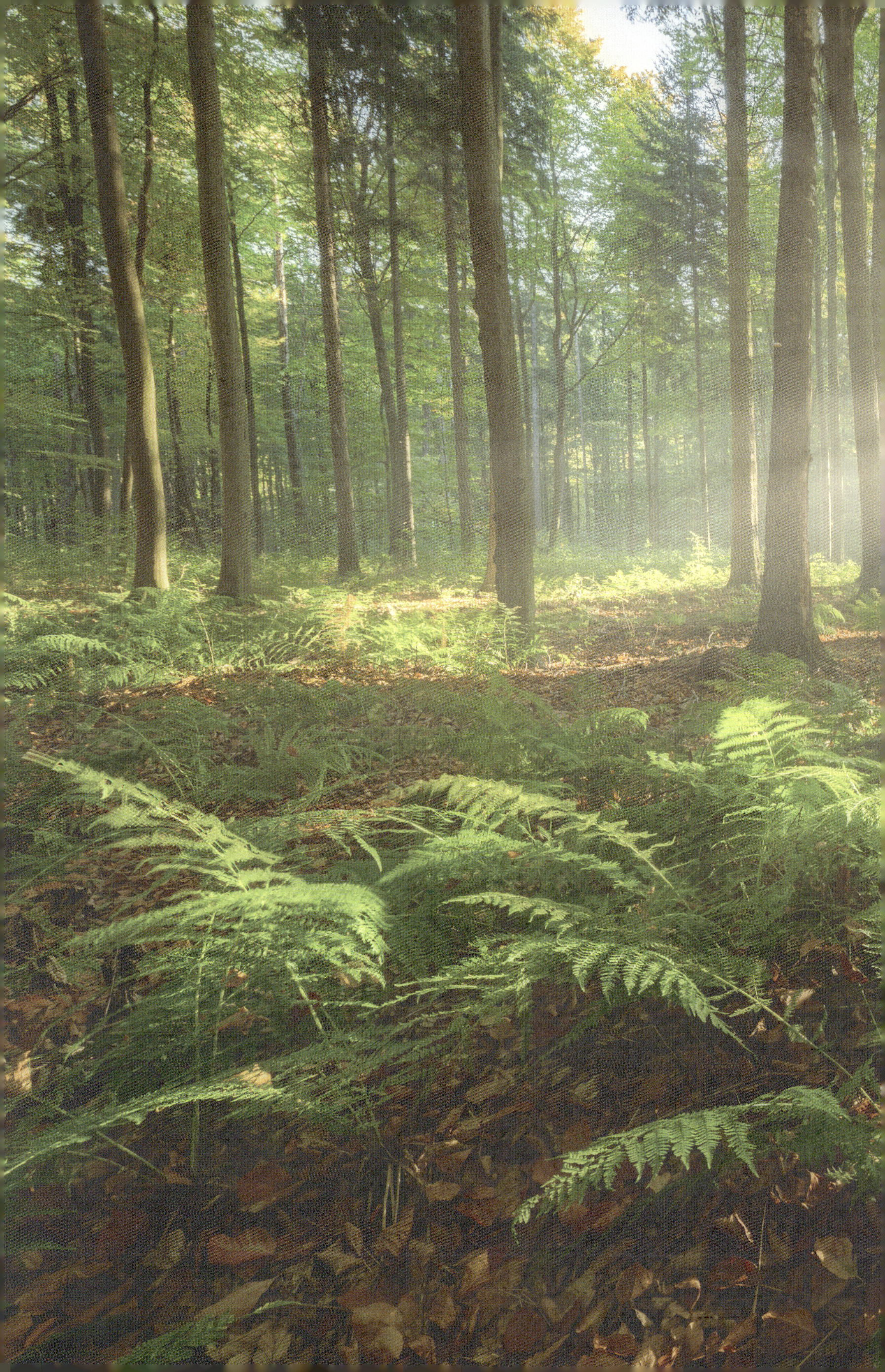

FEENTÜR & FEENGARTEN

Zauberhafte DIY-Ideen
im Mini-Format

CV

Inhalt

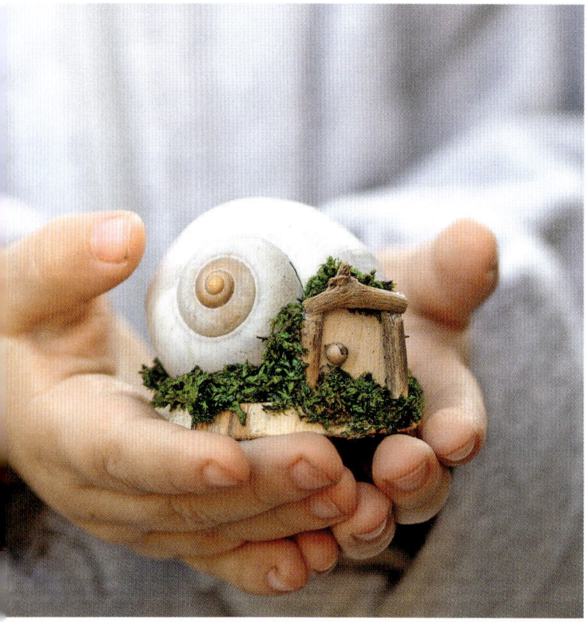

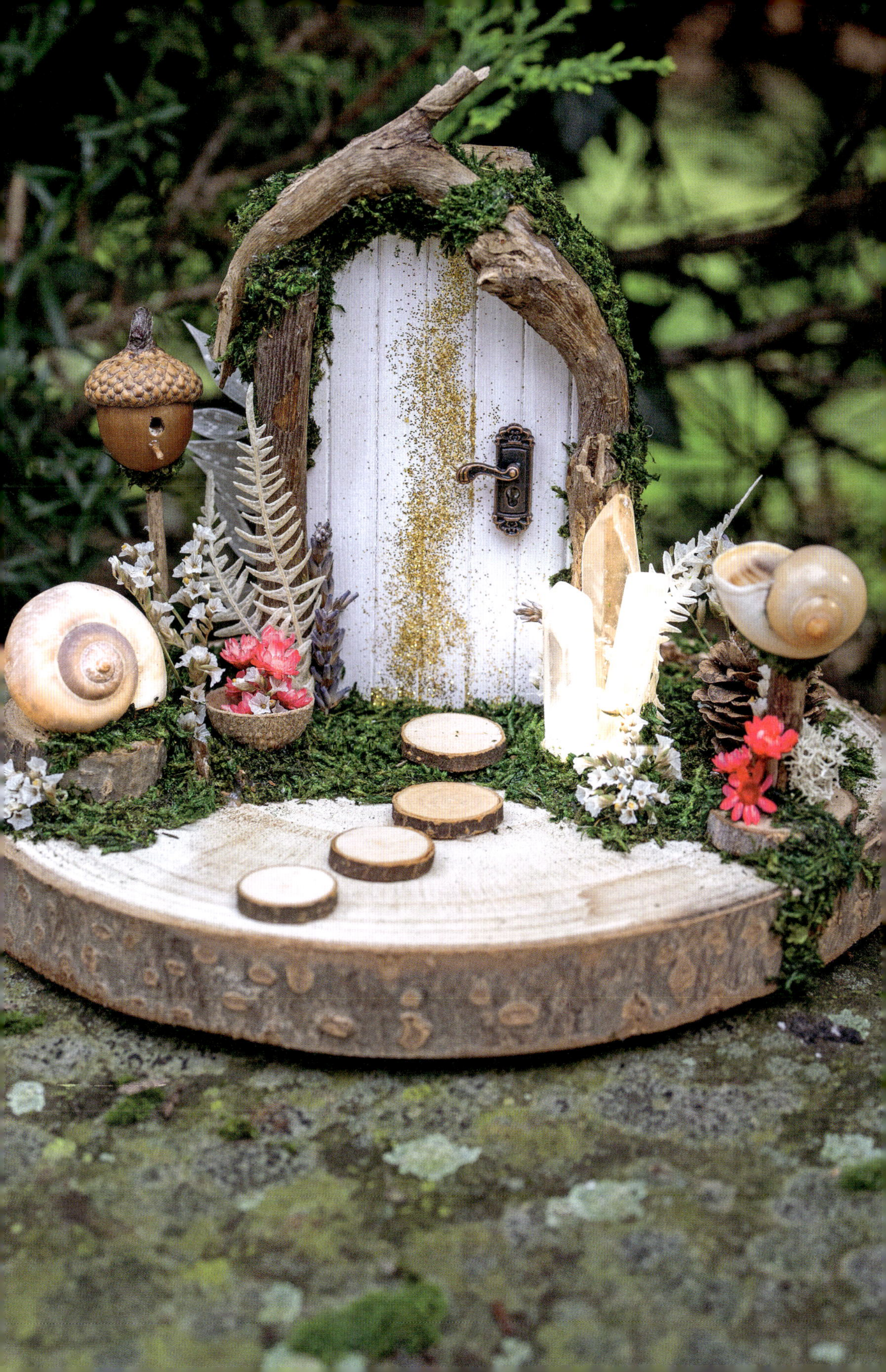

Eine magische Welt

Ein Feengarten oder eine Feentür lassen nicht nur Kinderaugen strahlen, sondern sind auch als Dekoration oder Geschenkidee ein absolutes Highlight.

Die magische Welt der Feen fasziniert mich seit meiner Kindheit. Schon als kleines Mädchen war ich sehr oft im Wald unterwegs und habe aus Stöcken und Blättern kleine Häuschen für meine geheimen Feenfreunde gebaut, die ich mit den schönsten Steinen und Blümchen, die ich finden konnte, dekoriert habe.

Das darf ich nun zusammen mit meinen Kindern wieder erleben. Zusammen bauen wir kleine Feengärten für uns und unsere Freunde. Wir sind oft draußen in der Natur und freuen uns immer riesig, wenn wir neue Schätze für unsere Feenlandschaften finden.

Mit diesem Buch möchte ich euch inspirieren und Schritt für Schritt zeigen, wie ihr selbst eine magische, kleine Feenwelt zaubern könnt. Also lasst eurer Kreativität freien Lauf und taucht ein in die fantastische Welt der Feen.

Seid ihr bereit für den Zauber?

Ich wünsche euch von Herzen ganz viel Spaß dabei!

Liebe Grüße

Elin

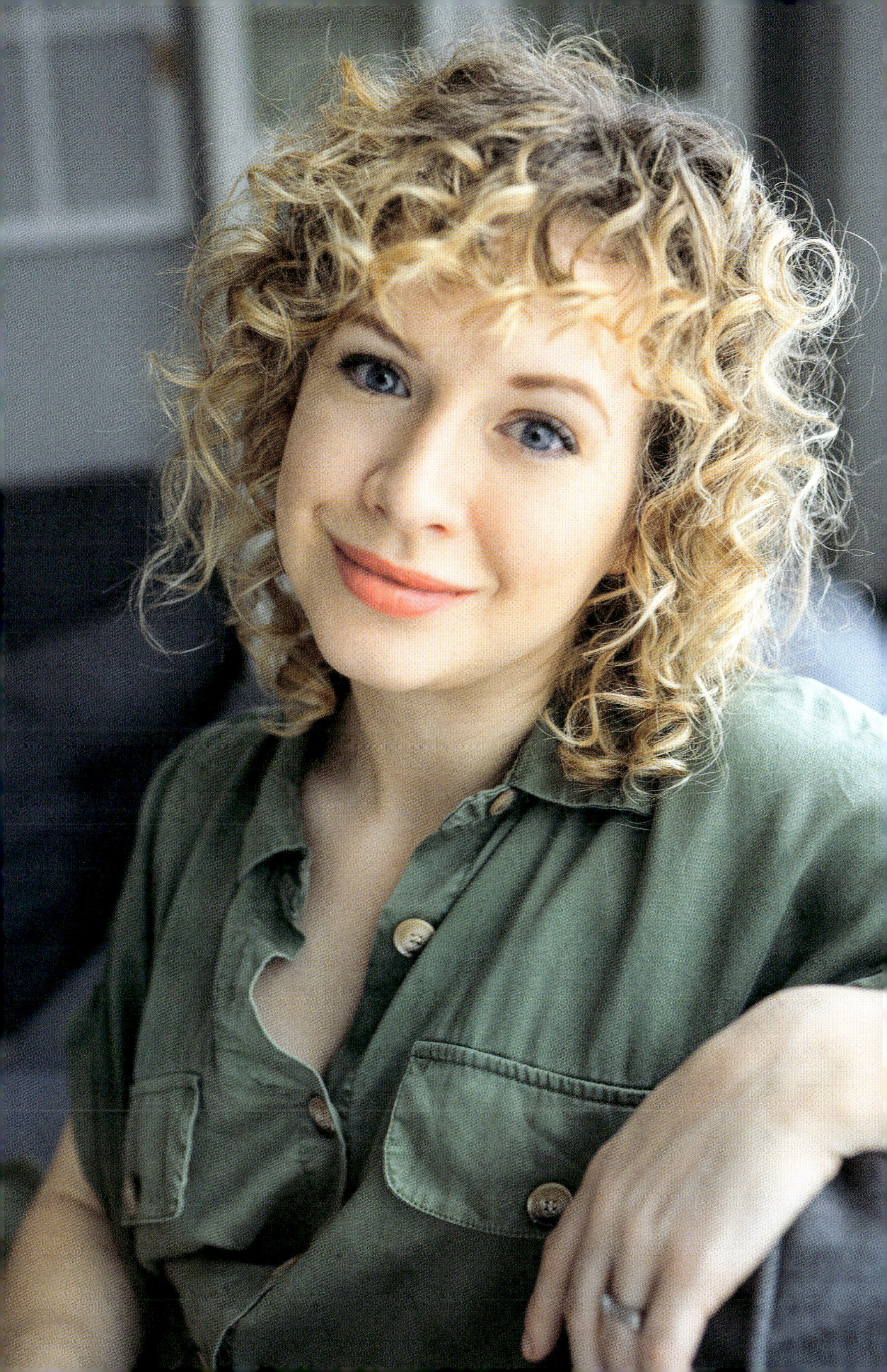

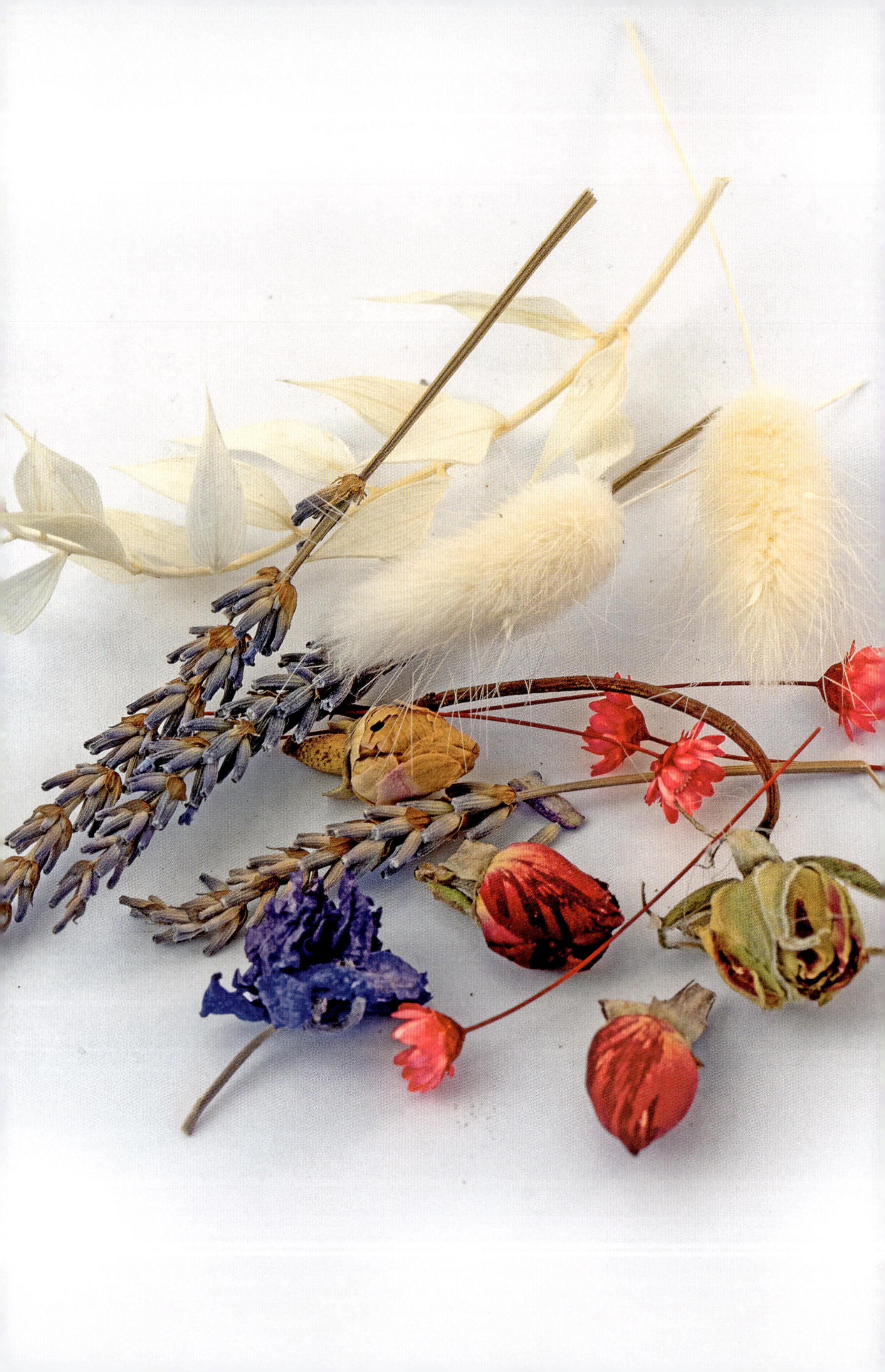

Einführung

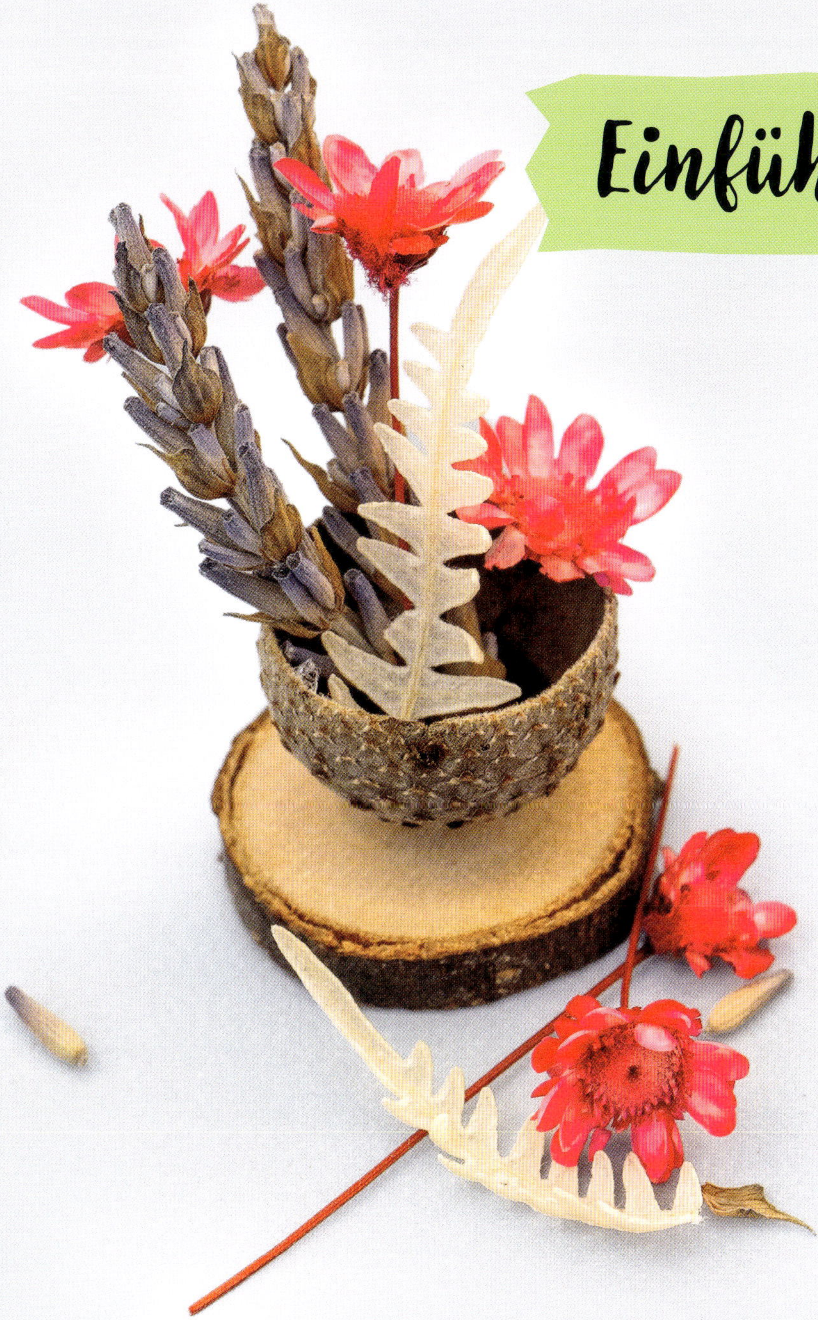

Allgemeines

Damit sich möglichst viele Feen bei euch wohlfühlen, findet ihr im Folgenden einige Hinweise und Anregungen, die vor dem Basteln zu beachten sind.

Eine Feentür ist ein Portal, ein Eingang in eine magische Welt. Diese kleine Tür ist nicht nur eine niedliche Dekoration, sondern lässt Kinder ebenso wie Erwachsene mit ihrer Fantasie frei spielen. Nur die Fee selbst kann diese magische Tür öffnen, um uns in der Menschenwelt zu besuchen. Wenn ihr Glück habt, hinterlässt sie ab und zu sogar eine Spur Feenstaub oder einen Brief für die Kinder.

Ein Feengarten ist ein kleiner magischer Garten mit lebendigen Pflanzen, zwischen denen sich Feen, Wichtel und andere Naturwesen wohlfühlen können. Dekoriert mit winzigen selbst gemachten Möbeln aus Naturmaterial oder mit gekauftem Mini-Zubehör, ist das Anlegen eines eigenen Feengartens für Jung und Alt ein Riesenspaß. Egal ob in einem großen Blumentopf oder einer kleinen Tasse gestaltet, der Feengarten wird auf jeden Fall zum Hingucker.

Die Kreationen in diesem Buch sind nicht wetterfest, sondern nur für dekorative Zwecke in Innenräumen geeignet. Sollten sie dennoch draußen stehen, müssen sie gut vor Regen und Wind geschützt werden, damit ihr auch lange Freude daran habt. Zudem sind sie ungeeignet für Kleinkinder, da sehr kleine und verschluckbare Teile verarbeitet werden.

Da zum Teil mit Naturprodukten gearbeitet wird und diese unterschiedliche Farbtöne und Formen aufweisen, können die Kreationen nicht eins zu eins nachgebaut werden. Wir verzichten auch bewusst darauf, in den Anleitungen genaue Maße anzugeben. So können die Objekte je nach Vorliebe und natürlicher Größe und Beschaffenheit der Materialien variieren. Damit wird jedes Teil zu einem wunderschönen Unikat.

Zur Anbringung der hängenden Feentüren oder Fenster an der Wand empfiehlt sich die Verwendung von Klebepads, die sich nach dem Abnehmen wieder gut loslösen lassen.

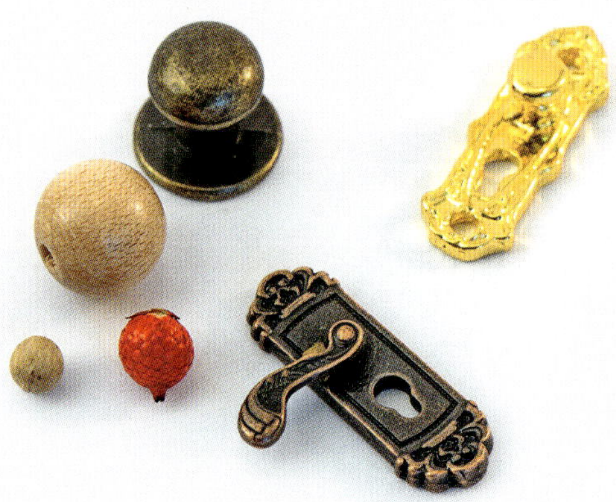

Als Türgriff eignen sich viele verschiedene Materialien, wie z. B. Pfefferkörner, kleine Eicheln und Muscheln, Knöpfe, Perlen oder kleine Steine. Türklinken im Miniaturformat gibt es aber auch z. B. bei Etsy zu erwerben.

Materialien

Die meisten Materialien findet ihr in der Natur, im Baumarkt und in gut sortierten Bastelläden.

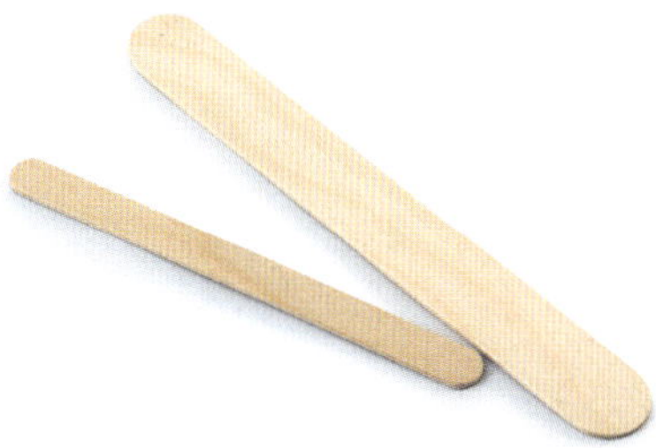

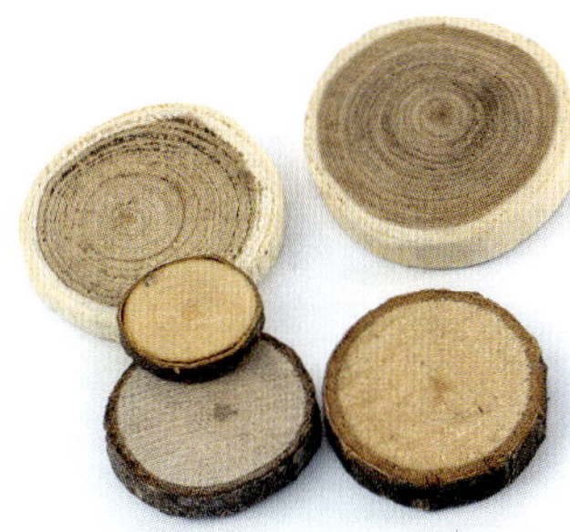

HOLZ

BASTELHÖLZER (auch Eisstiele oder Holzstäbchen genannt)

Es gibt sie in verschiedenen Größen, Längen und Formen (z. B. von Rayher). In diesem Buch werden zwei Varianten von Bastelhölzern benutzt:

- schmale: 11 cm x 1 cm
- breite: 15 cm x 1,8 cm

HOLZSCHEIBEN (auch Astscheiben oder Baumscheiben genannt)

Dabei handelt es sich um ein Naturprodukt, das in unterschiedlichen Größen und Formen vorzufinden ist. Holzscheiben können entweder naturbelassen sein, wie in diesem Buch verwendet, oder geschliffen und geölt.

Naturmaterial

Beim Sammeln von Naturmaterial im Wald gilt die sogenannte Handstraußregel, d. h., dass man Naturmaterialien wie Leseholz, Moose und Eicheln in geringen Mengen für den Eigenbedarf sammeln darf. Dabei dürfen Bäume und Pflanzen selbstverständlich nicht beschädigt werden. Außerdem gelten in den einzelnen Bundesländern verschiedene Regeln, was das Sammeln in der Natur betrifft.

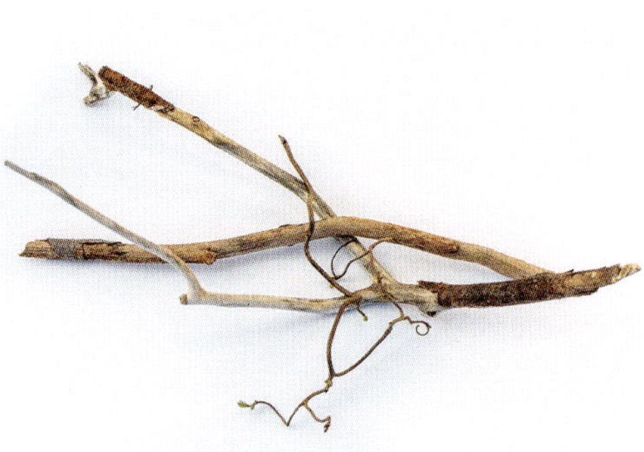

ÄSTE UND RINDE

Heruntergefallene Äste und Rinde, sogenanntes Leseholz aus dem Wald, eignen sich sehr gut zum Basteln von Feentüren. Hierbei ist zu beachten, dass sie komplett trocken sind, bevor sie verarbeitet werden. Wer nicht selbst sammeln möchte, kann Treibholz, Äste und Rindenstücke auch in gut sortierten Bastelläden oder beim Blumenhändler kaufen.

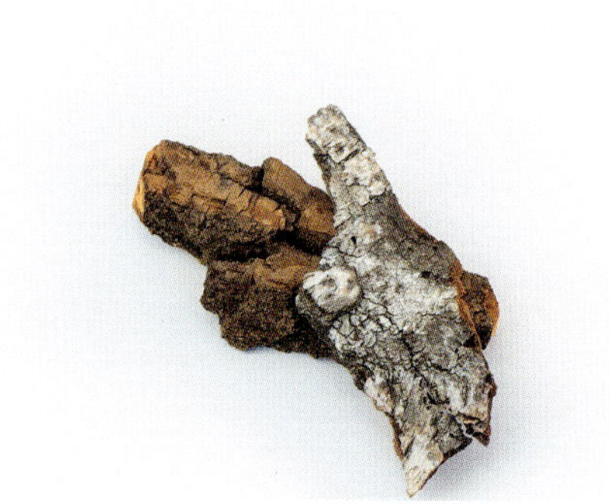

MOOS

Für einen Feengarten kann frisches, feuchtes Moos direkt aus dem Wald verwendet werden. Um es vor dem Austrocknen zu schützen, sollte es hin und wieder mit Wasser aus einer Sprühflasche benetzt werden. Bei Feentüren und Zubehör muss getrocknetes Moos verwendet werden, sogenanntes Plattenmoos (z. B. von Rayher). Getrocknetes, unbehandeltes Moos kann mit der Zeit leicht braun/gelblich werden, vor allem wenn es direktem Sonnenlicht ausgesetzt ist. Wer das vermeiden möchte, kann konserviertes, gefärbtes Moos kaufen. Zum Dekorieren von Türen und Gärten eignet sich insbesondere die Sorte Islandmoos. Es ist mittlerweile in verschiedenen Farben konserviert erhältlich.

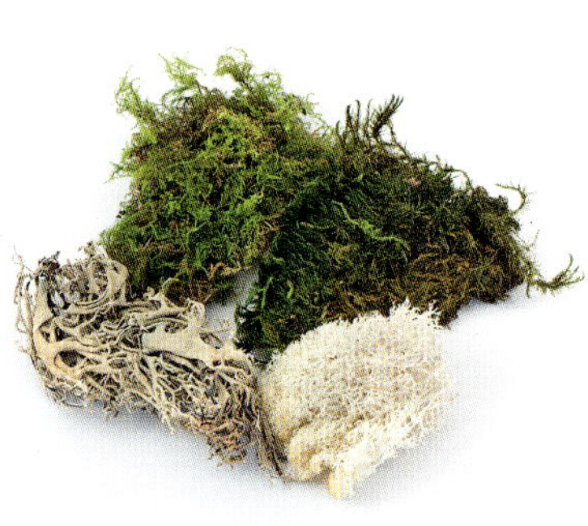

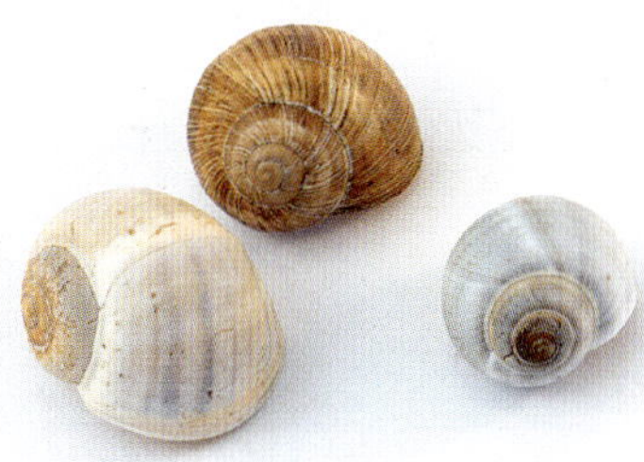

SCHNECKENHÄUSER

Leere Schneckenhäuser, die man in der Natur findet, stammen von toten Schnecken, die von anderen Tieren gefressen wurden oder auch eines natürlichen Todes gestorben sind. Es gibt Schneckenhäuser aber auch zu kaufen.

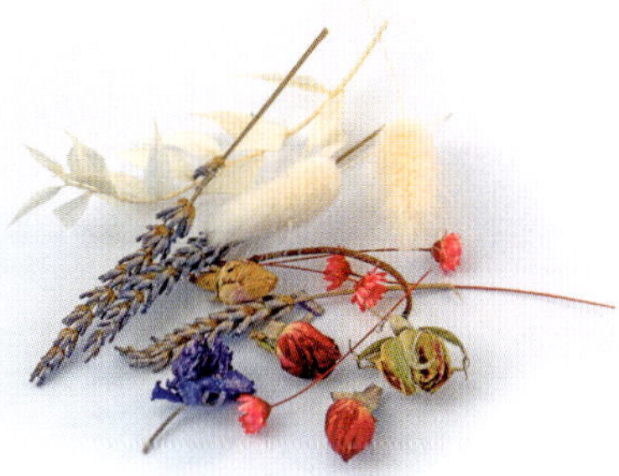

TROCKENBLUMEN

Es gibt sie mittlerweile in fast jedem Bastelladen oder beim Blumenhändler zu kaufen. Für die Projekte in diesem Buch eignen sich alle Sorten mit kleineren Blüten, wie z. B. Glixia, Strandflieder oder Hortensienblüten.

Werkzeug

SCHERE

Um Bastelhölzer zuzuschneiden, sollte am besten eine große und gut geschliffene Schere zum Einsatz kommen, wie z. B. eine Küchenschere. Für filigrane Arbeiten empfiehlt sich eine Nagelschere mit abgerundeter Spitze.

GARTENSCHERE

Für das Durchschneiden schmaler Äste ist eine Gartenschere ausreichend.

HEISSKLEBEPISTOLE

Es gibt kleine, günstige Heißklebepistolen in gut sortierten Bastelläden zu kaufen, allerdings werden diese extrem heiß und laufen oft aus. Daher ist es empfehlenswert, eine tropffreie Heißklebepistole zu verwenden. Für die Kreationen in diesem Buch wurde mit der Klebepistole HB 195 von Bühnen gearbeitet.

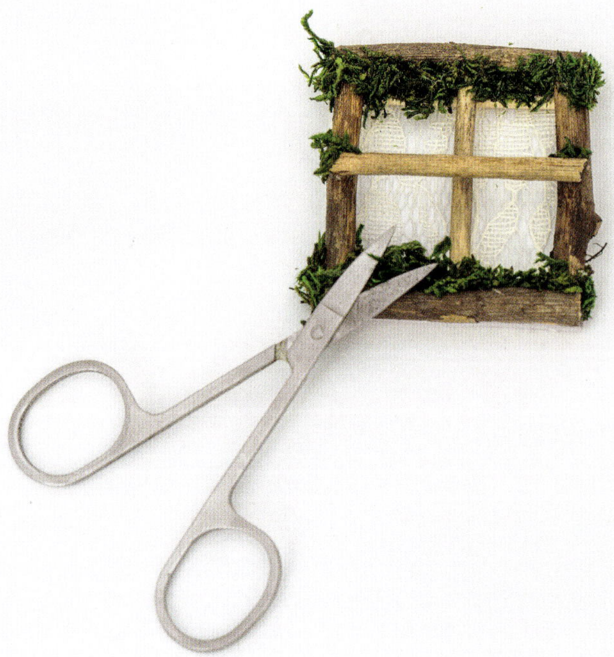

Zubehör

KLEBER

Für das Basteln von Feentüren wird am besten Heißkleber verwendet, da dieser schnell aushärtet und für mehr Stabilität sorgt. Allerdings ist die Gefahr von Verbrennungen groß und oft bleiben kleine Klebereste und Fäden zu sehen. Wer ungern mit einer Heißklebepistole arbeitet, kann stattdessen Holzleim verwenden. Damit lässt sich Holz, Jute und sogar getrocknetes Moos zusammenkleben.

FARBEN UND PINSEL

Je nach Vorliebe können verschiedene Farben verwendet werden, am liebsten arbeite ich mit Acrylfarbe, da sie gut deckt und schnell trocknet. Um Bastelhölzer zu beschriften, empfehlen sich wasserfeste Filzstifte. Für die Projekte werden jeweils dicke und dünne Pinsel benutzt.

PINZETTE

Für filigrane Arbeiten oder für das Entfernen von Klebefäden von der Heißklebepistole eignet sich besonders eine Pinzette.

SCHLEIFPAPIER

Um Kanten abzurunden oder raue Oberflächen zu glätten, ist Schleifpapier ein gutes Hilfsmittel.

PROJEKTBEZOGENES

Für einige Projekte in diesem Buch werden zusätzlich eine Schnur, Jutekordel, Drähte, wasserfeste Filzstifte, Glitzer, Kartons, Blumenerde, Kork, Kieselsteine, Eierkartons, Bastelkleber, Lichterdraht und Holzbohrer benötigt.

HINWEIS

Folgende Grundmaterialien finden in der Materialliste der Projekte keine gesonderte Erwähnung: Schere, Lineal, Bleistift, Holzleim, Heißkleber, Heißklebepistole, Schleifpapier, Gartenschere, Nagelschere, Pinsel, Seitenschneider.

Feengarten: Tipps und Pflege

Bevor ihr mit dem Anlegen eures Feengartens beginnt, müsst ihr euch überlegen, wo bzw. worin ihr ihn anlegen möchtet. Für die Terrasse eignen sich selbstverständlich keine Zimmerpflanzen, das Gleiche gilt natürlich auch umgekehrt. Die Feengärten in diesem Buch sind wie gesagt nur für den Innenraum vorgesehen, sodass mit Zimmerpflanzen gearbeitet wurde.

Ob innen oder außen, im Topf oder in einer Tasse, Feengärten sind auf jeden Fall immer ein Blickfang. Dabei sind der eigenen Fantasie beim Gestalten keine Grenzen gesetzt und die Größe des Gartens darf gerne variieren. Im Idealfall sollte das Gefäß ein Loch im Boden besitzen, sodass Wasser vom Gießen abfließen kann. In dem Fall wäre dann auch ein Untertopf notwendig.

Bei größeren Feengärten ist eventuell eine Drainageschicht aus Kieseln vorteilhaft. Wird ein undichter Korb oder Ähnliches benutzt, sollte dieser an der Innenseite mit einer Folie ausgeschlagen sein, damit kein Wasser ausläuft. Schaut euch mal um oder fragt Freunde und Familie, meistens findet sich noch etwas im Keller, das sich perfekt als Gefäß für einen Feengarten eignet.

Die Blumenerde sollte auf die Pflanzen abgestimmt werden. So gibt es für Sukkulenten z. B. bestimmte Kakteen- und Sukkulentenerde zu erwerben. Das Gefäß sollte bis knapp unter den Rand mit Erde befüllt werden, anschließend kann man die ausgewählten Pflanzen einsetzen. Für Gehwege empfehlen sich Kies, Kork oder Sand, für Terrassen flache Steine oder Moos. Diese gibt es in gut sortierten Bastelläden, im Gartencenter oder natürlich in der Natur.

Die Pflanzen im Feengarten sollten im Idealfall von kleinem und langsamem Wuchs sein. Falls sie zu groß werden, müssen sie durch kleinere ersetzt werden. Insbesondere bieten sich dafür Sukkulenten an, da sie besonders pflegeleicht sind und gemächlich wachsen. Bei Unsicherheiten hilft ein Gartencenter mit wertvollen Tipps und kompetenter Beratung weiter.

Die Pflege eines Feengartens richtet sich in erster Linie nach den eingepflanzten Blumen, regelmäßiges Wässern und Düngen gehören auf jeden Fall dazu. Allerdings sollte man nur sehr mäßig wässern und lieber etwas öfter, um Staunässe zu vermeiden. Die kleinen Dekorationen sollten zum Schutz vor dem Gießen am besten entfernt werden. Geraten die Pflanzen mit der Zeit zu groß, schneidet man sie mit einer Gartenschere etwas zurück.

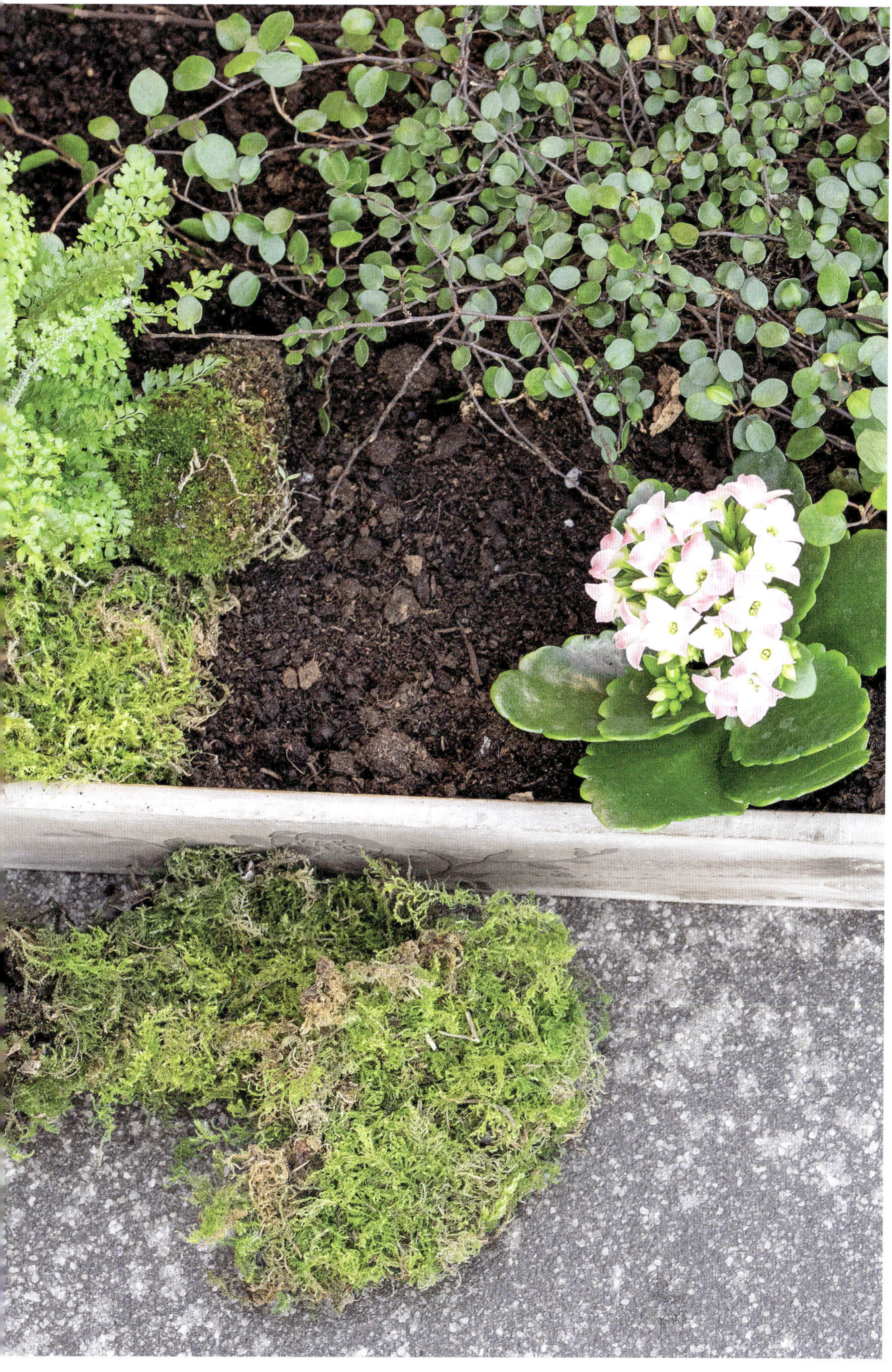

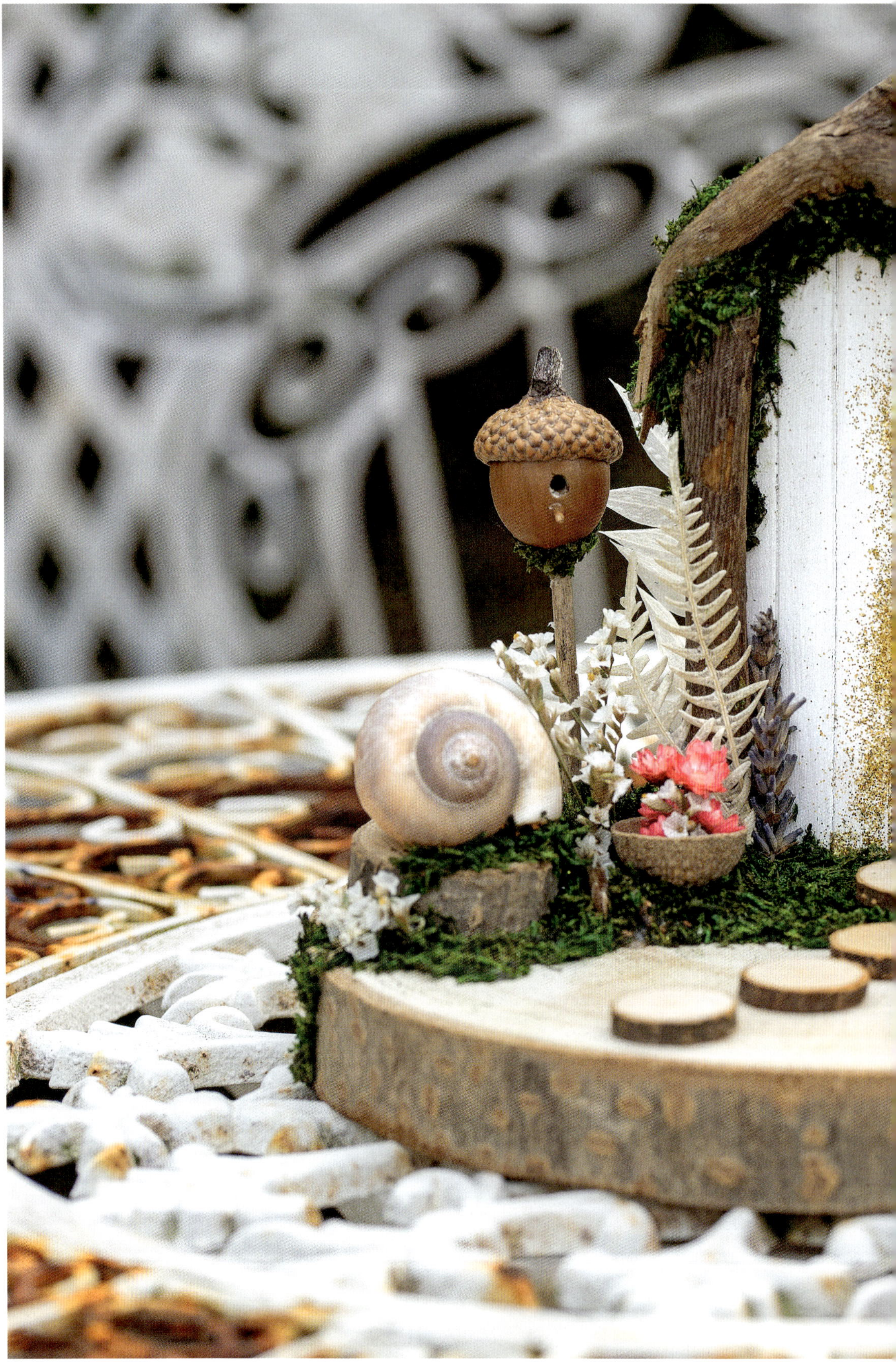

Die Projekte

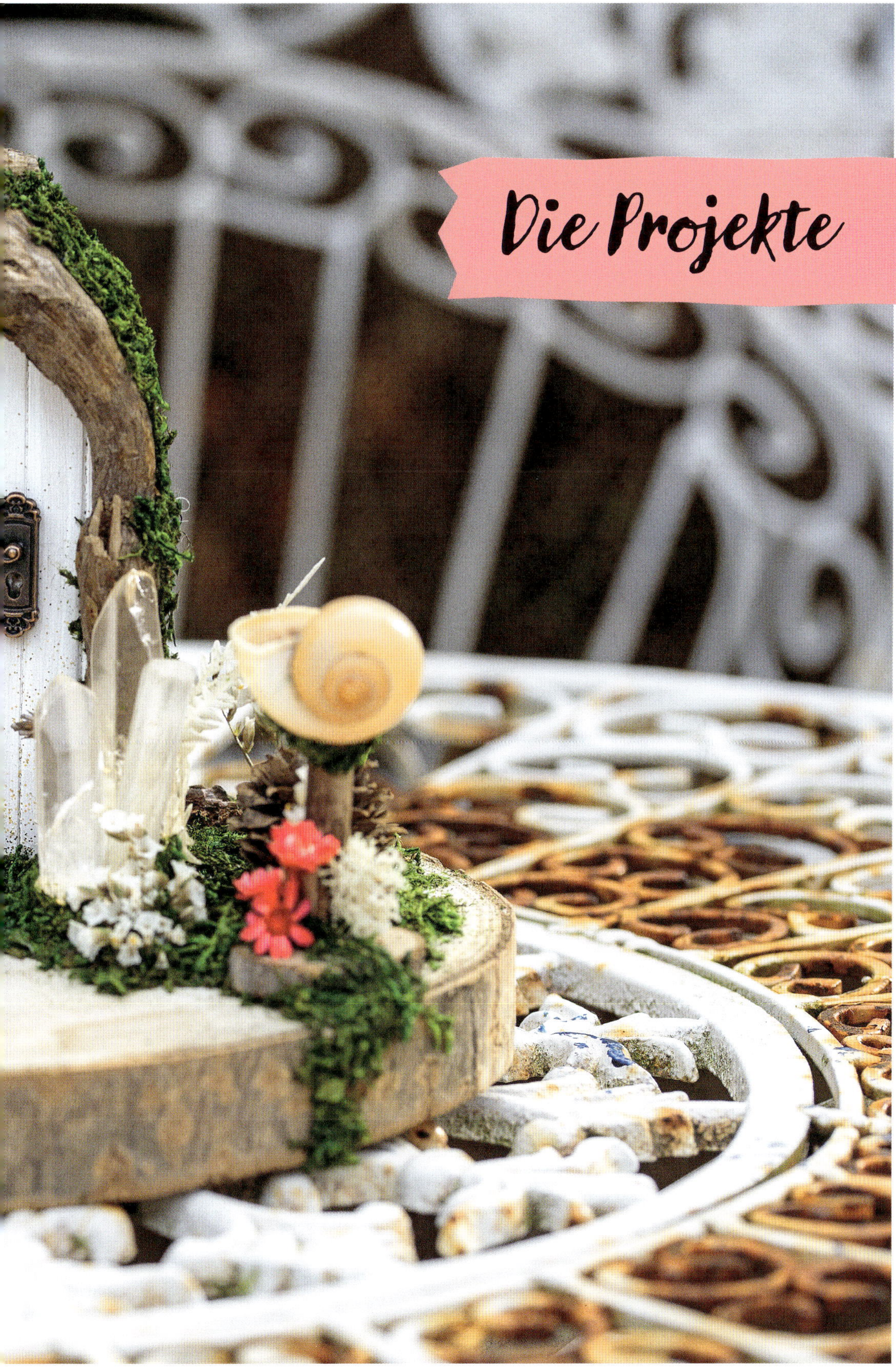

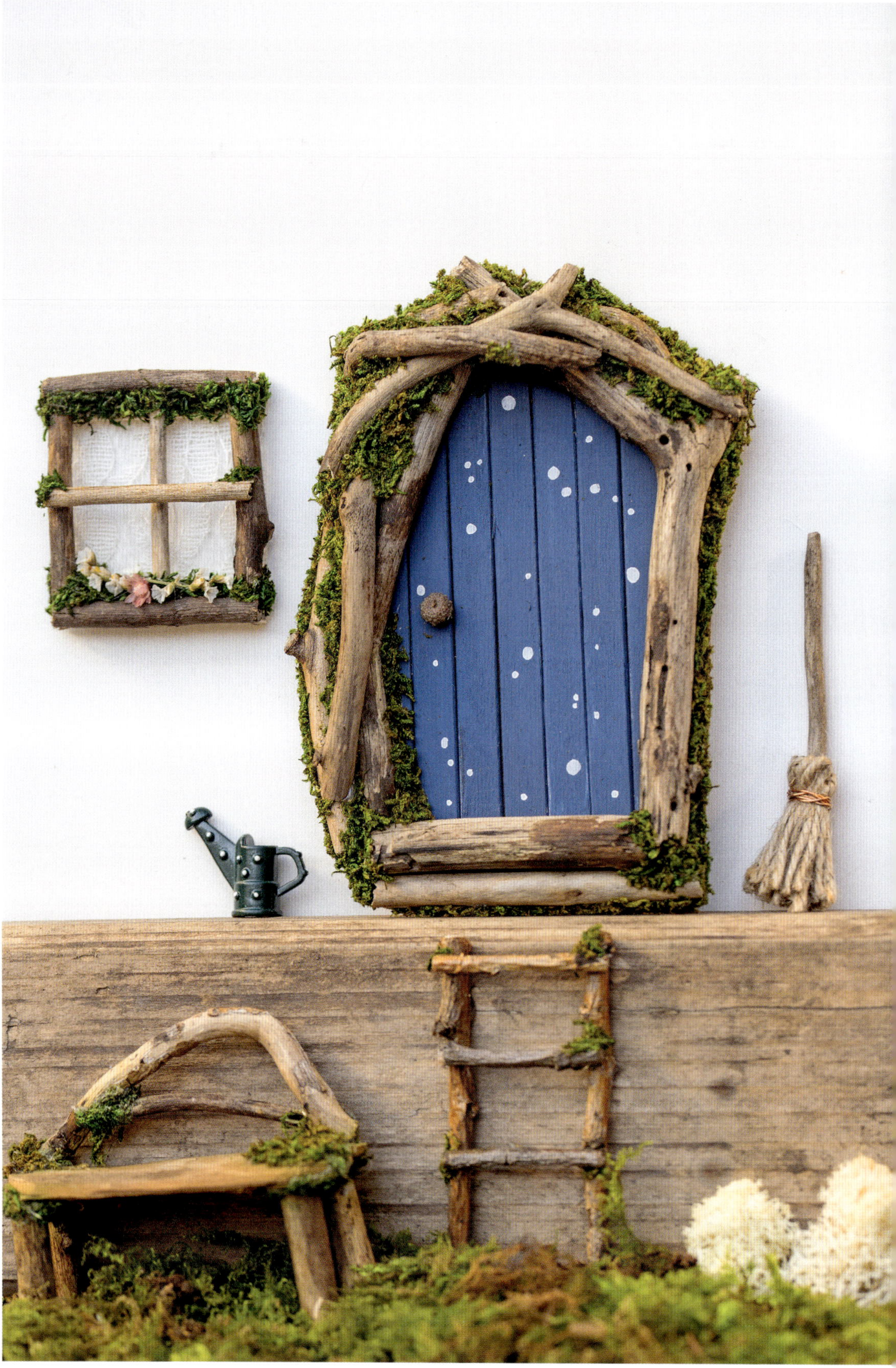

Nachthimmel-Tür

(TÜR ZUM HÄNGEN)

MATERIALIEN

- 1 Stück Karton, 15x15cm
- 7 schmale Bastelhölzer
- kleine Äste als Türzargen
- Plattenmoos
- 1 Türgriff
- Acrylfarbe in Dunkelblau
- wasserfester Filzstift in Weiß

WIE ES GEHT

1

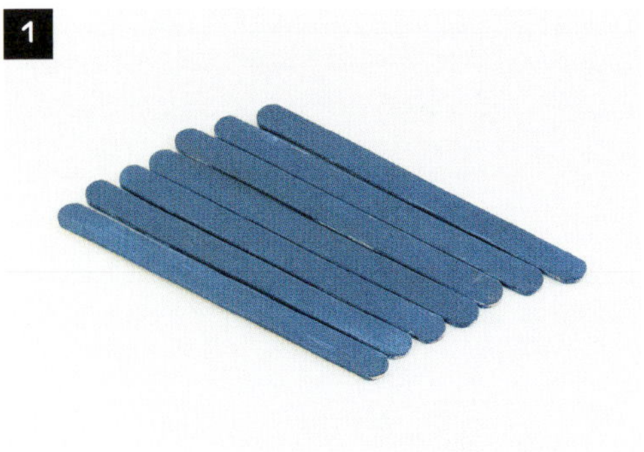

1. Als Erstes die Bastelhölzer mit Farbe versehen und gut trocknen lassen.

2

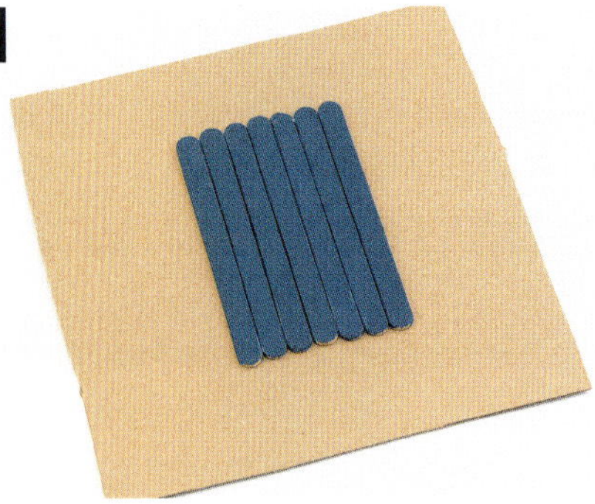

2. Die blau angemalten Bastelhölzer werden nebeneinander in die Mitte des Kartons geklebt.

3

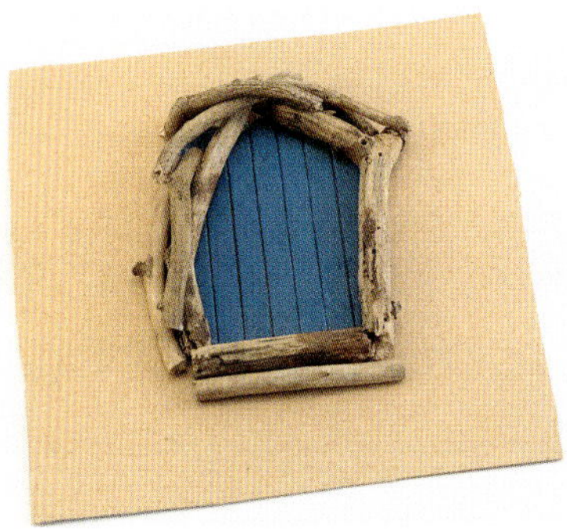

3. Die Äste mit einer Gartenschere kürzen, sodass sie die Tür aus Bastelhölzern schön umrahmen. Danach die Äste entweder mit Holzleim oder mit Heißkleber ankleben.

4

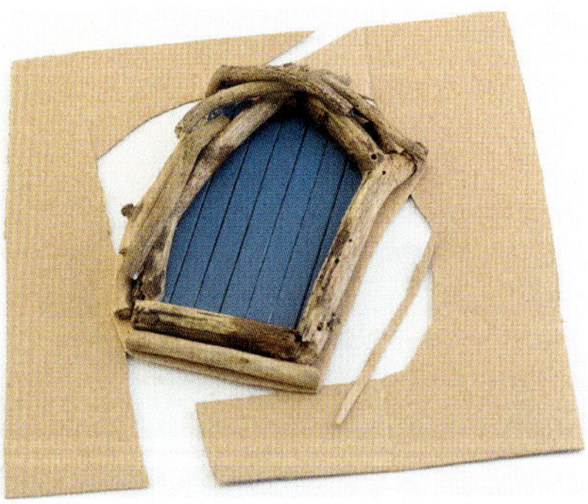

4. Jetzt werden die Kanten vom Karton etwas abgeschnitten, sodass nur noch ein paar Millimeter zu sehen sind.

5

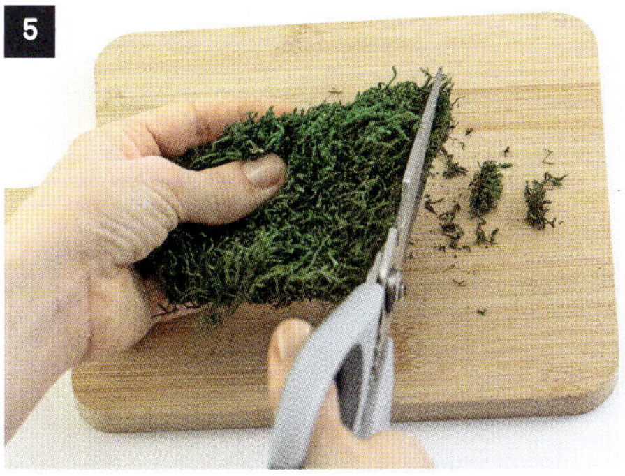

5. Das Plattenmoos mit einer Schere klein schneiden. Am besten sollten kleine Krümel entstehen. So lässt sich das Moos leichter ankleben und sieht am Ende viel natürlicher aus.

6

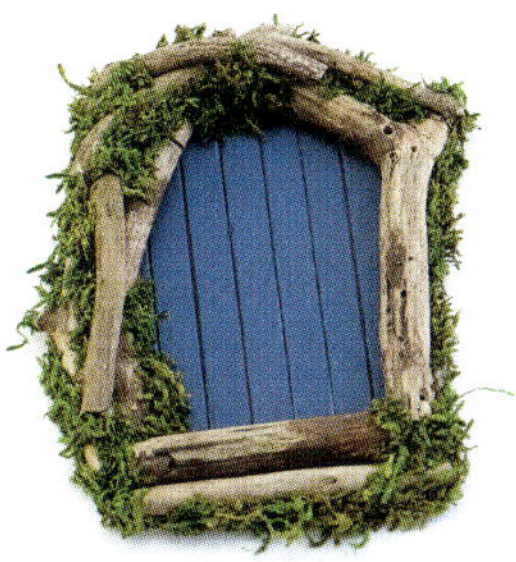

6. Die Stellen, an denen noch Karton zu sehen ist, werden mit Holzleim oder Heißkleber versehen und mit den vorbereiteten Mooskrümeln verdeckt.

7

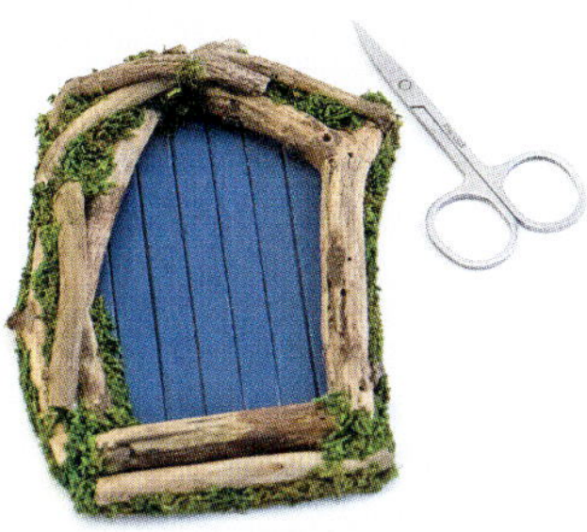

7. Wenn alles gut getrocknet ist, kann Moos, das zu sehr absteht, mithilfe einer kleinen Nagelschere gekürzt werden.

8. Für die Sterne werden nun mit einem weißen Filzstift kleine Punkte auf die Tür getupft.

9. Zuletzt den Türgriff anbringen.

8

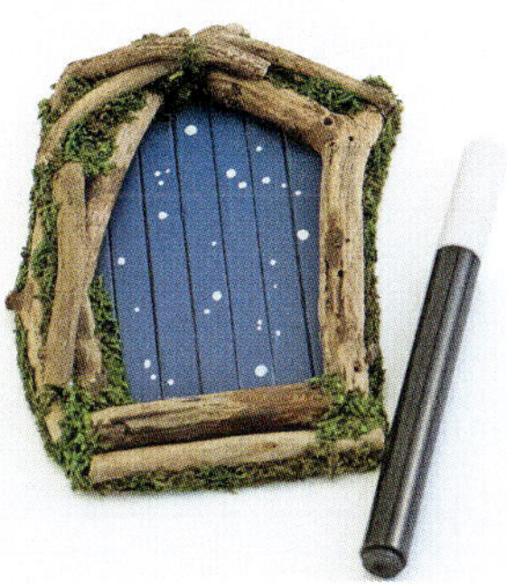

9

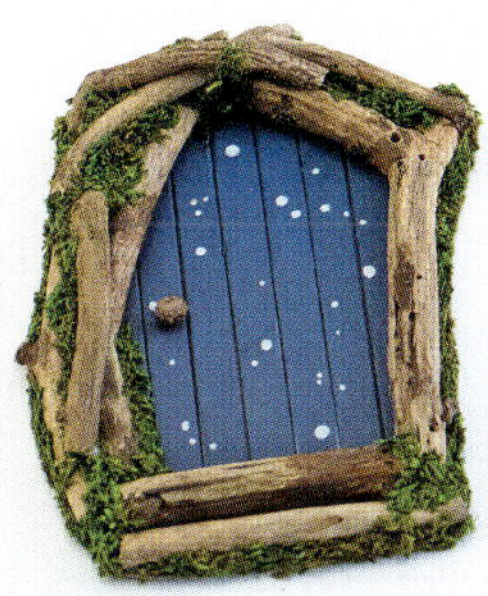

Briefkasten

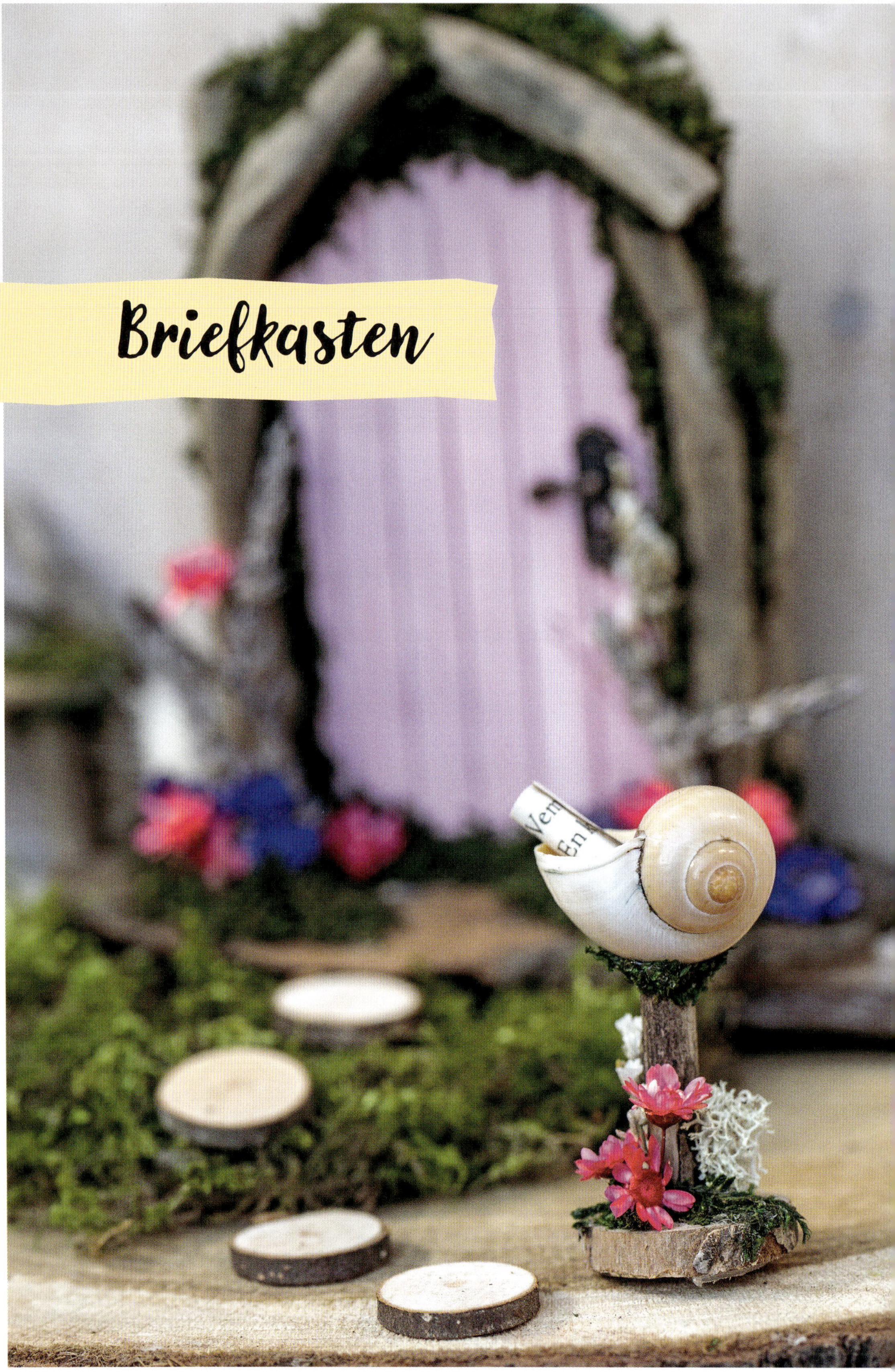

WIE ES GEHT

1

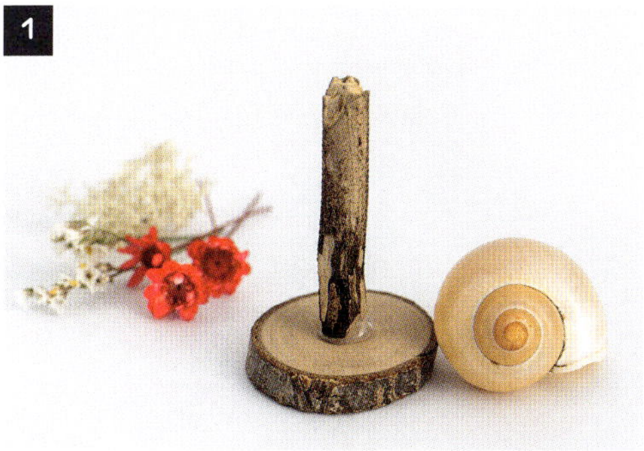

2

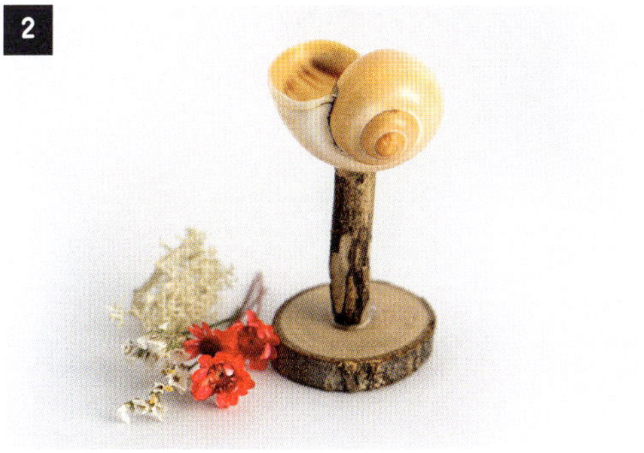

3

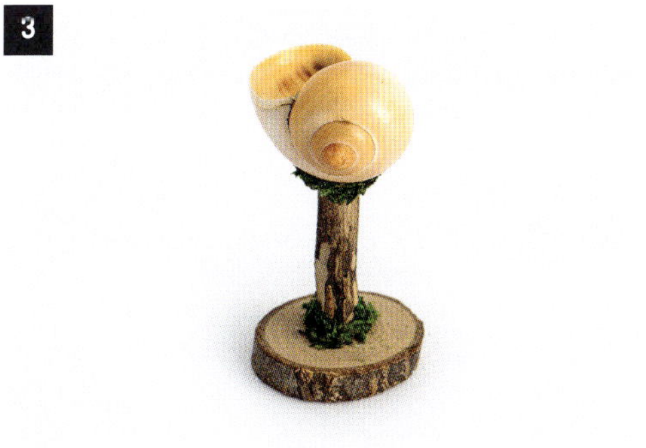

4

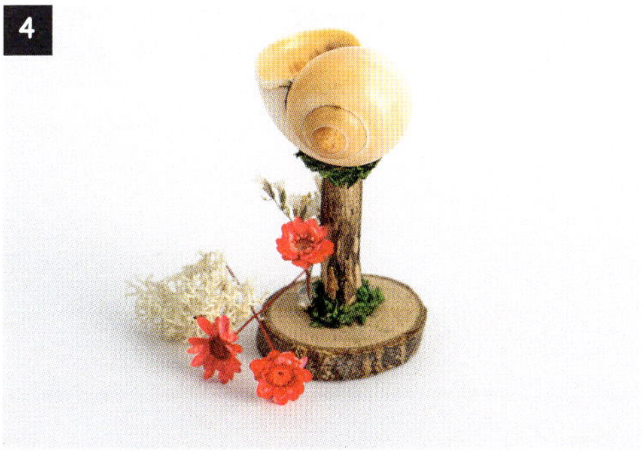

MATERIALIEN

1 kleine Holzscheibe, 1 schmaler Ast, 2 cm;
1 Schneckenhaus, Plattenmoos
Islandmoos, Trockenblumen

1. Der Ast wird als Erstes in die Mitte der Holzscheibe geklebt. Am besten lässt sich der Ast mit Heißkleber anbringen, da dieser für mehr Stabilität sorgt.

2. Das Schneckenhaus mit der Unterseite nach oben am Ast befestigen.

3. Klebereste lassen sich bei Bedarf mit etwas Moos verdecken.

4. Zum Schluss können kleine Trockenblumen und Islandmoos als Dekoration an der Holzscheibe angebracht werden.

Besen

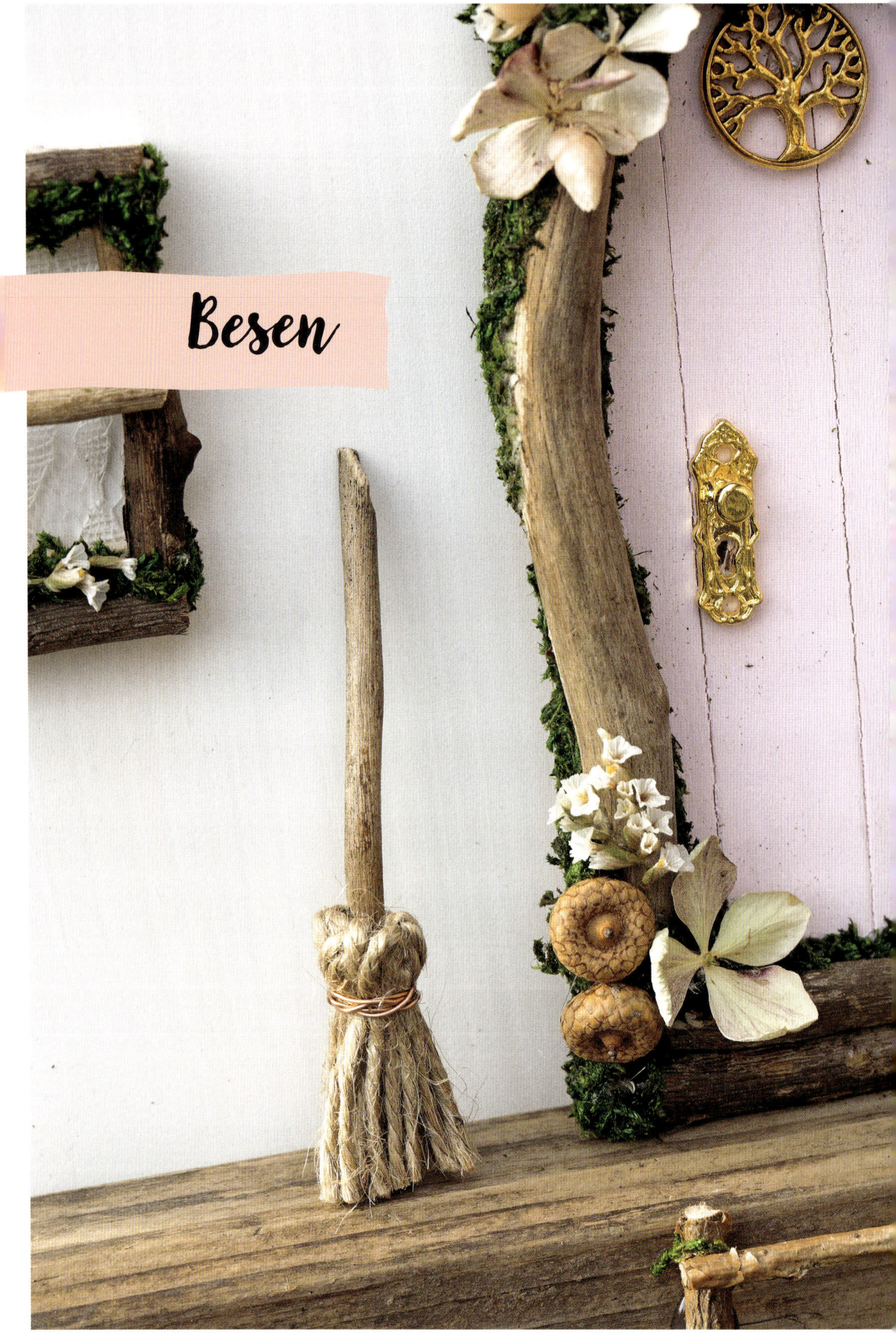

WIE ES GEHT

1

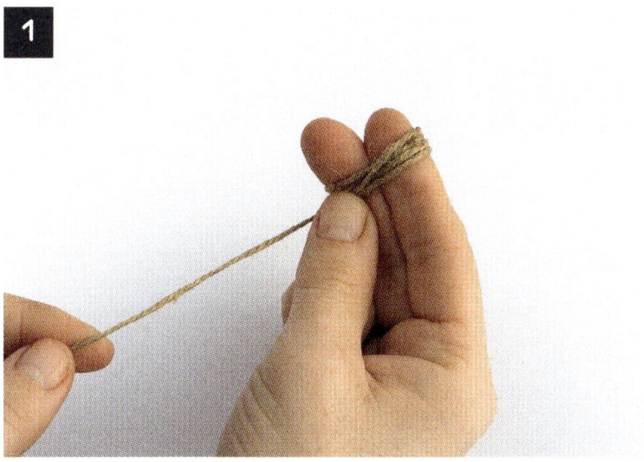

2

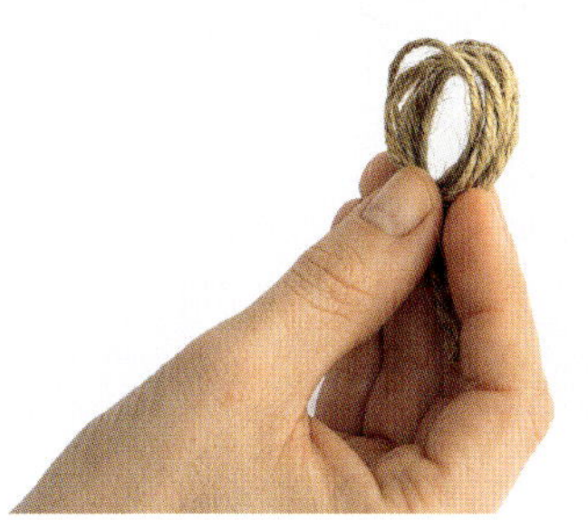

3

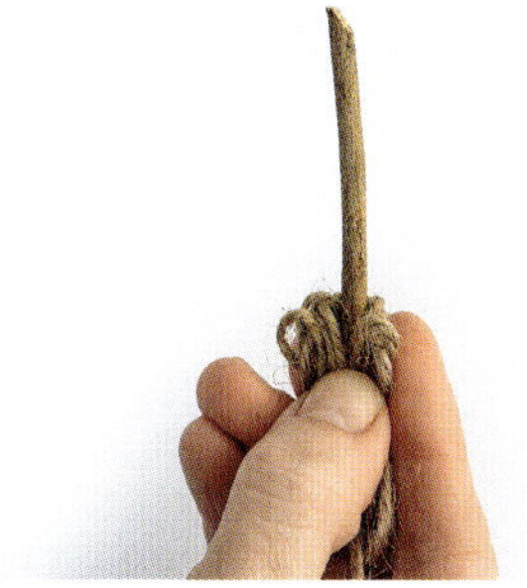

4

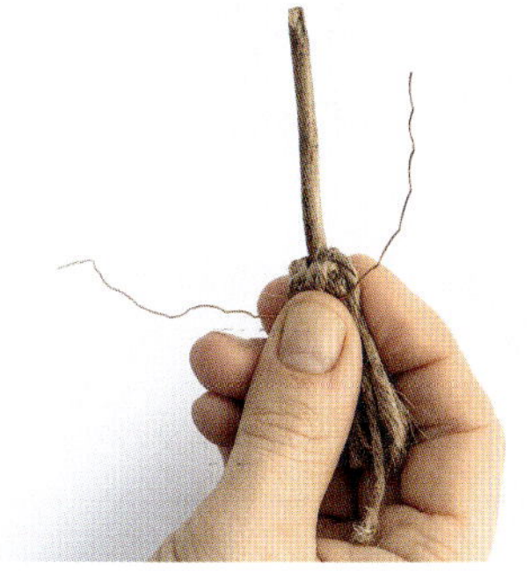

MATERIALIEN

1 schmaler Stock, dünner Draht,
Jutekordel, ca. 60 cm

1. Die Kordel um zwei Finger wickeln, sodass sich ein Kreis bildet.

2. Der Kordelkreis wird vorsichtig von den Fingern entfernt, in der Mitte zusammengedrückt und festgehalten.

3. Oben am Kordelrand wird der Stock ca. bis zur Hälfte in die Mitte hineingesteckt.

4. Jetzt den Draht einige Male oben um die Kordel und den Stock wickeln, bis alles zusammenhält.

5. Zum Schluss wird der untere Teil der Kordel gleichmäßig mit einer Schere abgeschnitten.

5

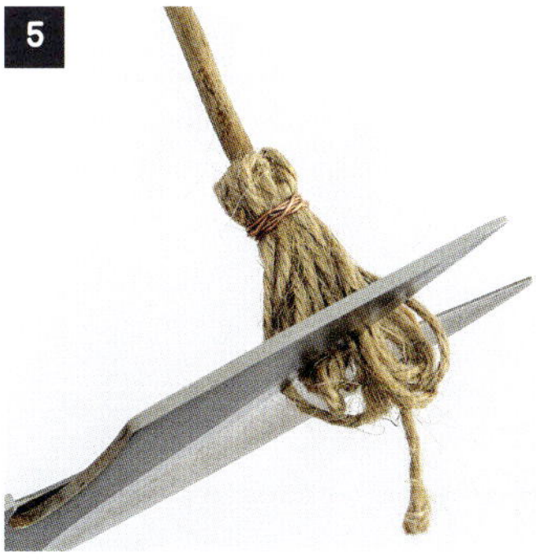

Blumenarrangement

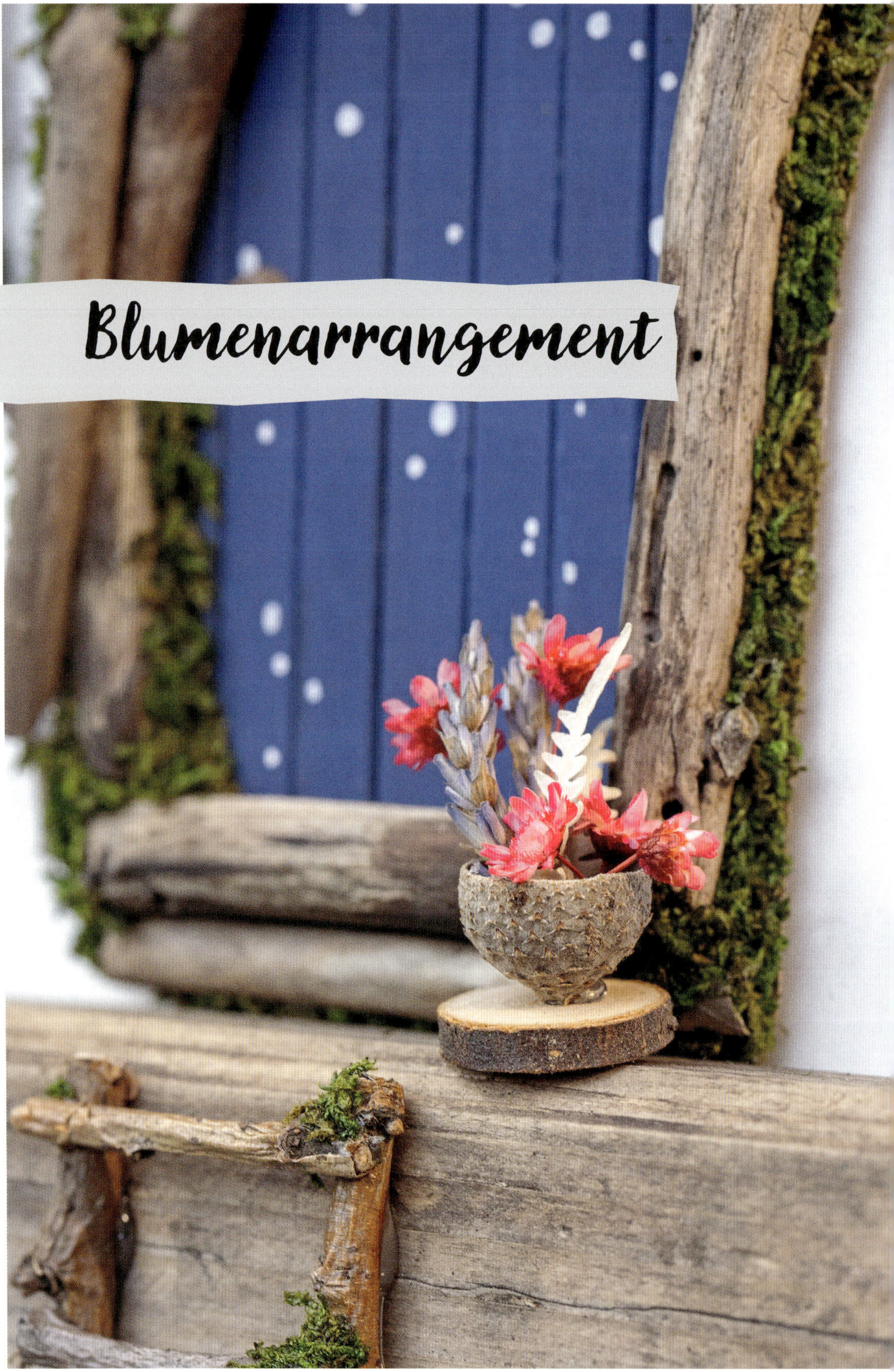

WIE ES GEHT

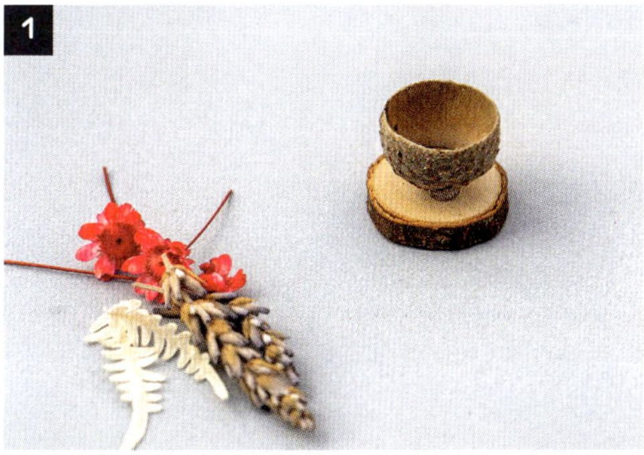

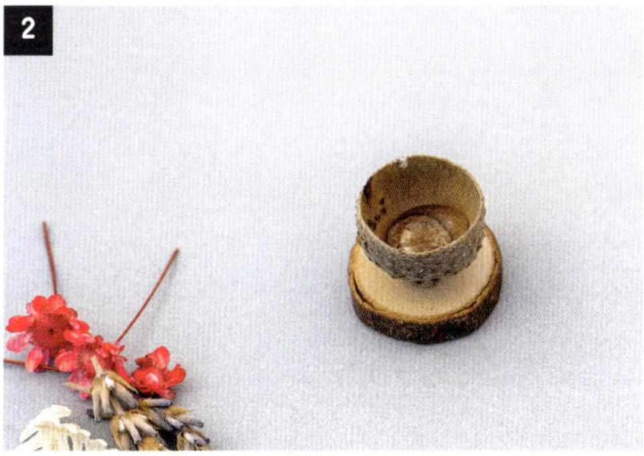

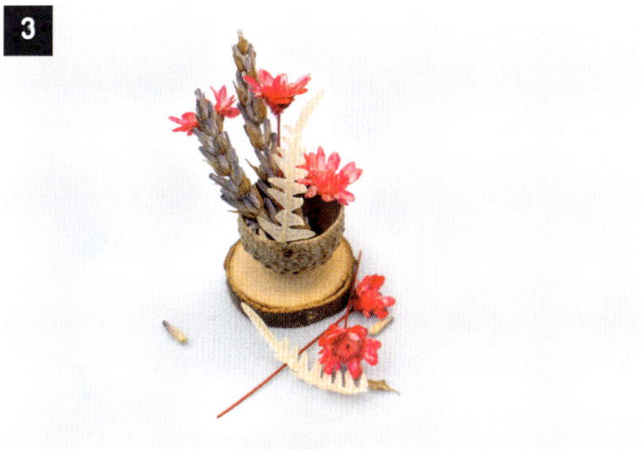

MATERIALIEN

1 kleine Holzscheibe, 1 Eichelhut als Schale, kleine Trockenblumen

1. Zuerst wird der Eichelhut in der Mitte der Holzscheibe angeklebt.

2. Die Eichelschale bis zur Mitte, jedoch nicht darüber hinaus, mit etwas Heißkleber befüllen.

3. Nun die Trockenblumen zügig nacheinander in die Eichelschale stecken, bevor der Heißkleber aushärtet. Am Ende sollte vom Kleber nichts mehr zu sehen sein.

Wäscheleine

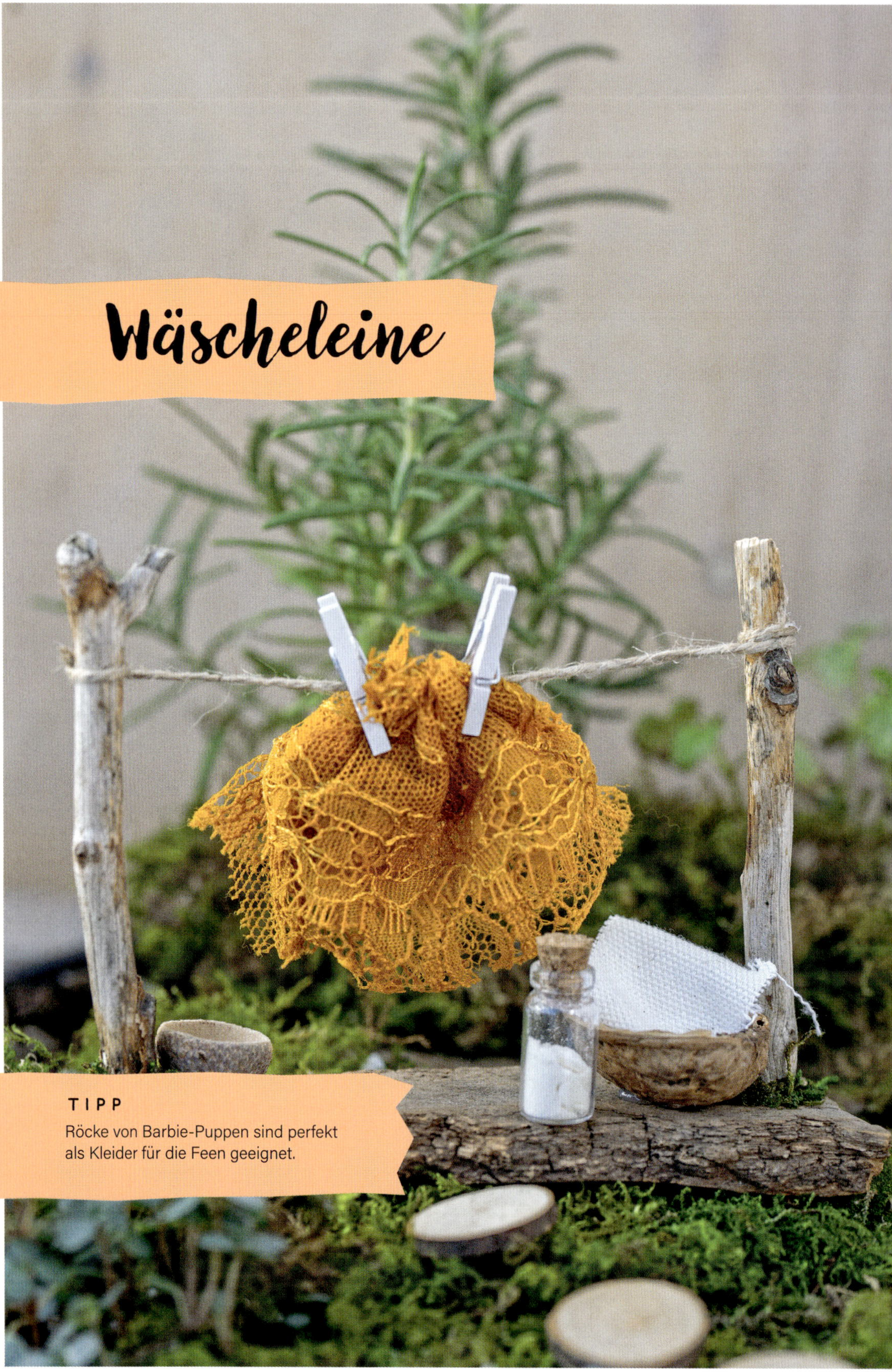

TIPP
Röcke von Barbie-Puppen sind perfekt als Kleider für die Feen geeignet.

WIE ES GEHT

1

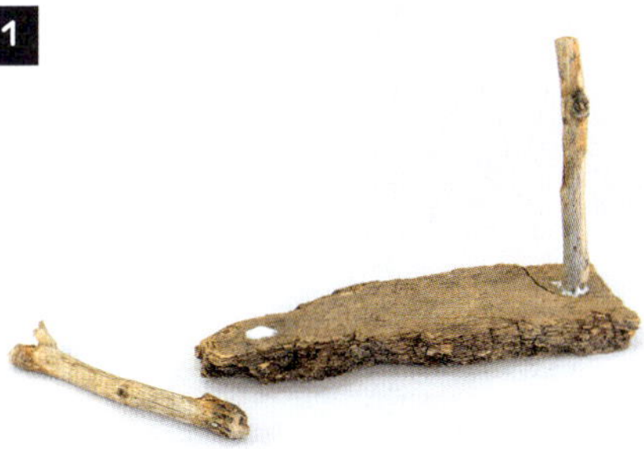

MATERIALIEN

Rinde; 2 gerade Äste, ca. 4,5 cm; Schnur, z. B. Kordel; 1 halbe Walnussschale; Plattenmoos; Miniatur-Wäscheklammern (optional); 1 Miniatur-Flasche (optional); 1 Teelöffel Mehl (optional)

1. Als Erstes werden die beiden Äste rechts und links auf die Rinde geklebt.

2. Die Klebereste können mit etwas Moos bedeckt werden.

3. Die Schnur zwischen die beiden Äste spannen und mit einem Knoten befestigen. Wichtig dabei ist, dass die Schnur straff bleibt und nicht zu locker hängt. Die restliche Schnur wird am Knoten abgeschnitten.

4. Die Walnussschale ist perfekt als Wäschekorb für Feen geeignet und kann entweder lose hingestellt oder auf die Rinde geklebt werden.

5. Die kleine Flasche kann man mit Mehl o.Ä. befüllen, um sie in einen niedlichen Mini-Waschmittelbehälter zu verwandeln.

2

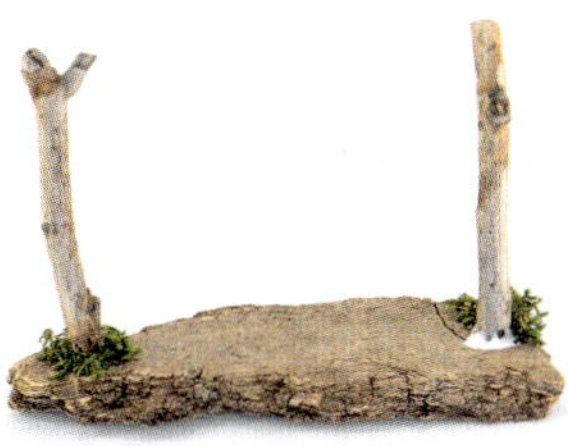

3

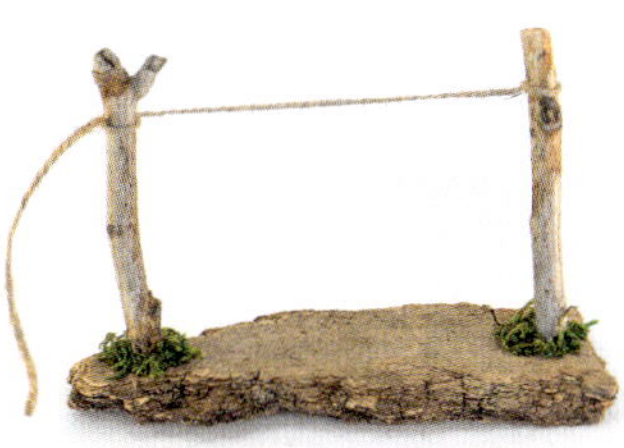

4

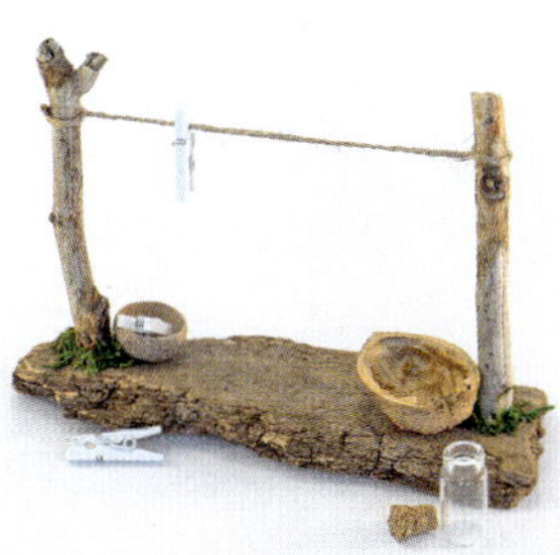

5

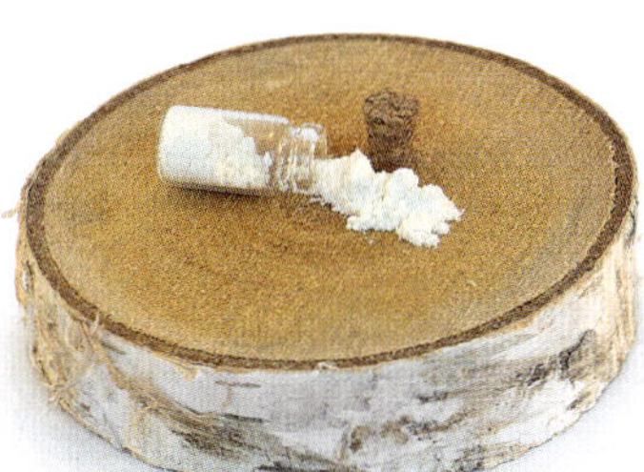

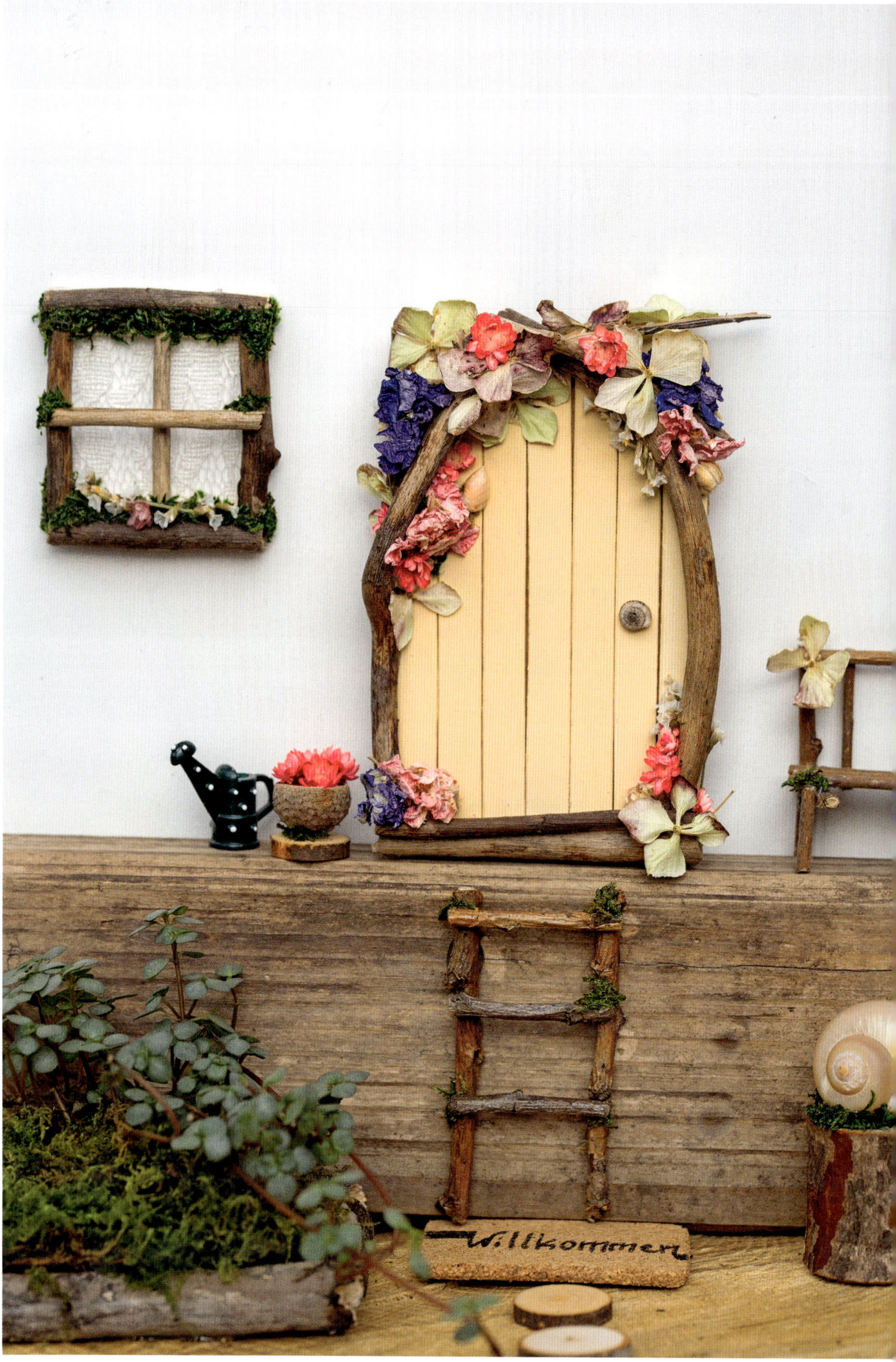
Willkommen

Blumen-Tür

(TÜR ZUM HÄNGEN)

MATERIALIEN

- 7 schmale Bastelhölzer
- 1 Stück Karton
- kleine Äste
- Trockenblumen
- Türknauf
- Acrylfarbe (für diese Tür wurde Weiß mit etwas Gelb vermischt)

WIE ES GEHT

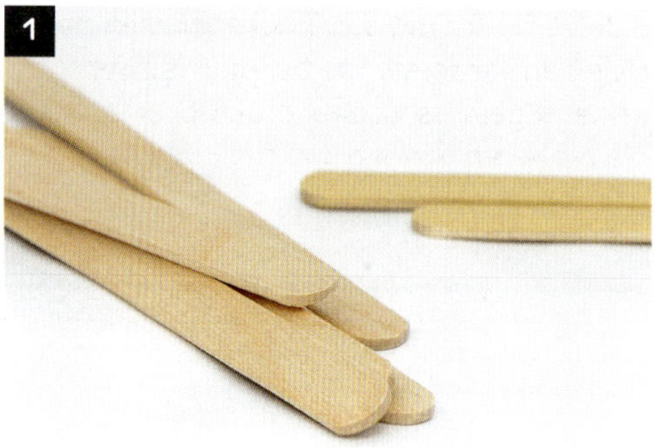

1. Zunächst die Bastelhölzer mit Farbe versehen.

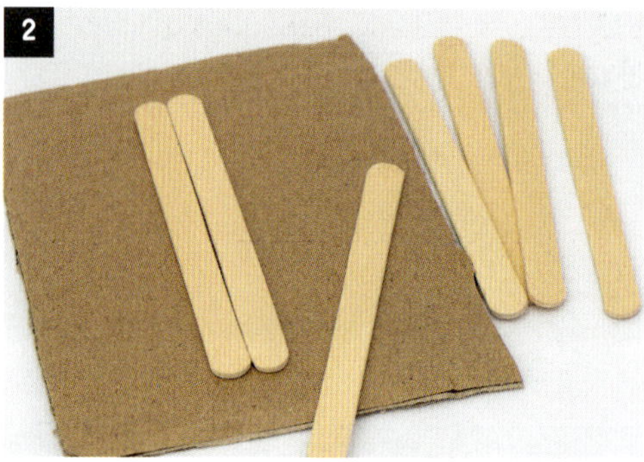

2. Wenn die Farbe gut getrocknet ist, werden die Bastelhölzer nebeneinander in die Mitte des Kartons geklebt.

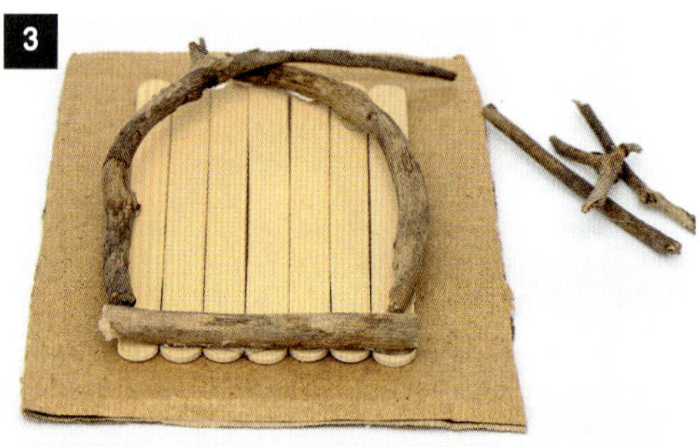

3. Danach die kleinen Äste mit einer Gartenschere zurechtschneiden und als Türzarge um die Bastelhölzer anbringen.

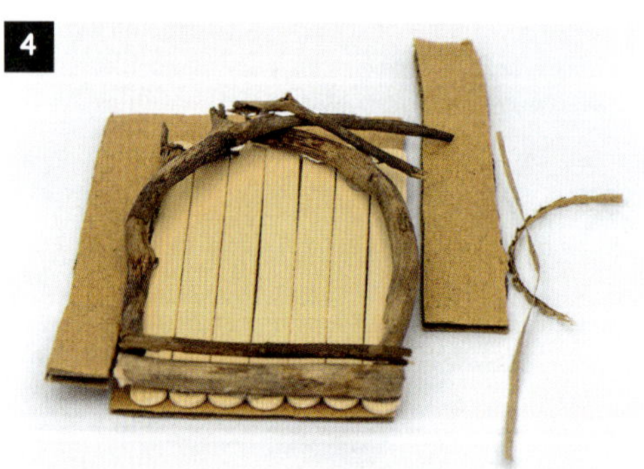

4. Mit einer Schere werden die Kanten des Kartons abgeschnitten. Dabei sollte man so nah wie möglich an der Tür entlang schneiden.

5

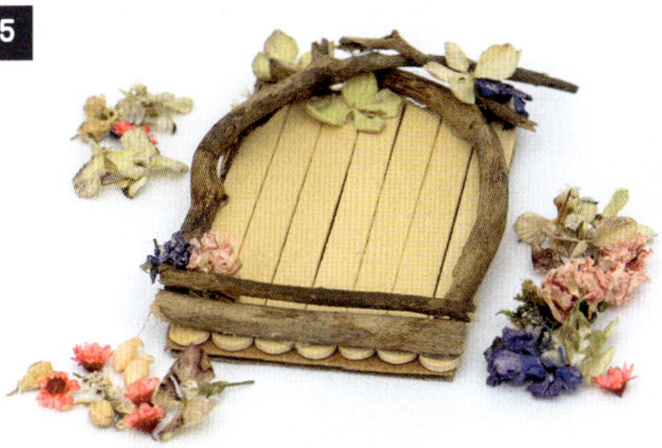

5. Jetzt die Tür mit den Trockenblumen nach Belieben verzieren. Hierbei gibt es zwar keine Regeln, es ist aber praktischer, zuerst die größeren Blumen und dann die kleineren anzubringen.

6

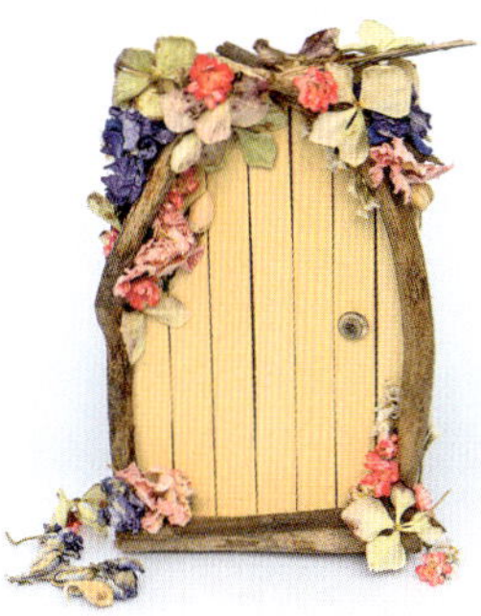

6. Zu guter Letzt wird der Türknauf angeklebt.

Feenfenster

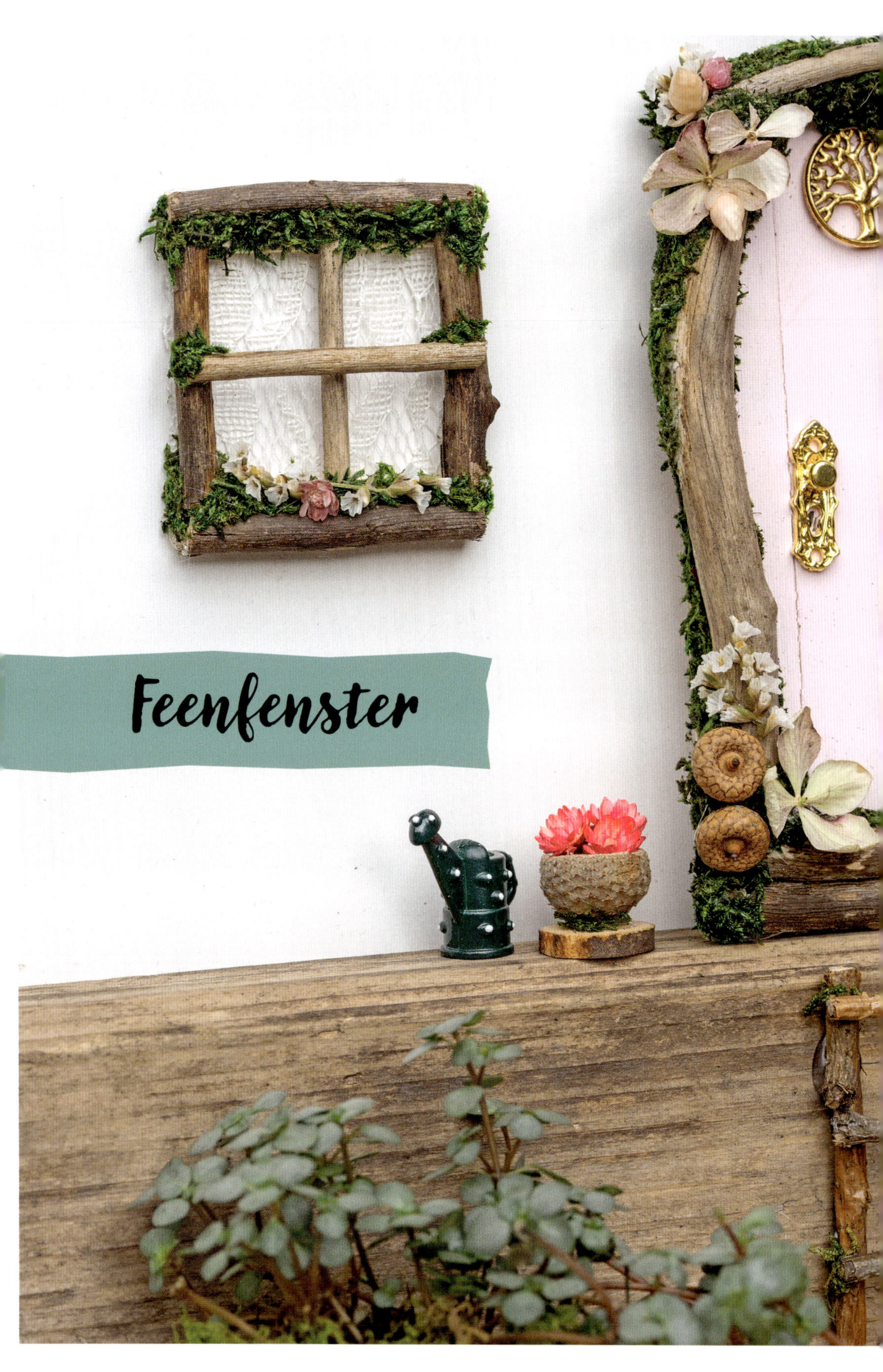

WIE ES GEHT

1

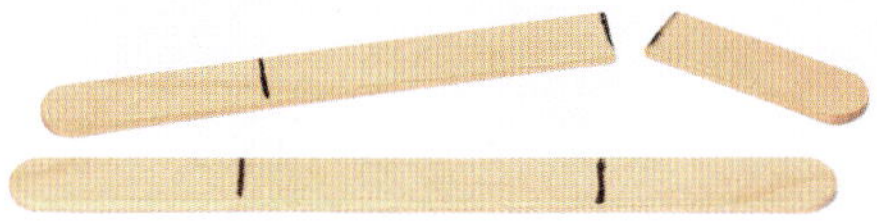

2

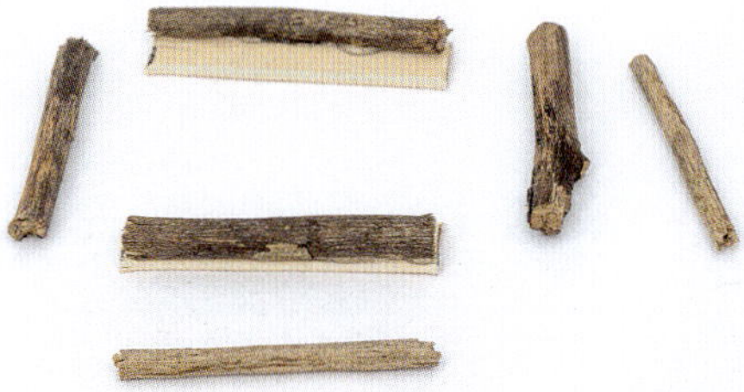

3

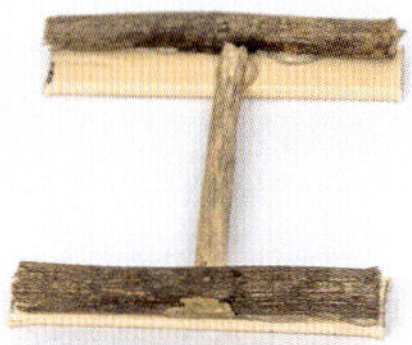

4

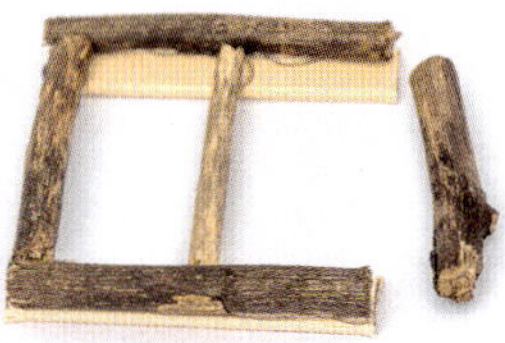

MATERIALIEN

3 schmale Stöcke, 3 cm; 3 schmale Stöcke, 4 cm; weißes Spitzenband, 25 mm breit; 2 schmale Bastelhölzer; Plattenmoos; Trockenblumen, z. B. Glixia und Strandflieder

1. Die Bastelhölzer mit einer Schere auf eine Größe von 3 cm zuschneiden.

2. Zwei der 3 cm langen Stöcke werden Kante an Kante an die Bastelhölzer geklebt. Die Bastelhölzer dienen rechts, links und in der Mitte als Auflagefläche für die Stöcke.

3. Nun werden die Bastelhölzer einander gegenüber mit einem Abstand von 5,5 cm bereitgelegt. Im Anschluss klebt man in die Mitte einen 4 cm langen Stock direkt auf die Bastelhölzer.

4. Die restlichen zwei 4 cm Stöcke werden genauso rechts und links angebracht, sodass ein Rechteck/Quadrat entsteht.

5

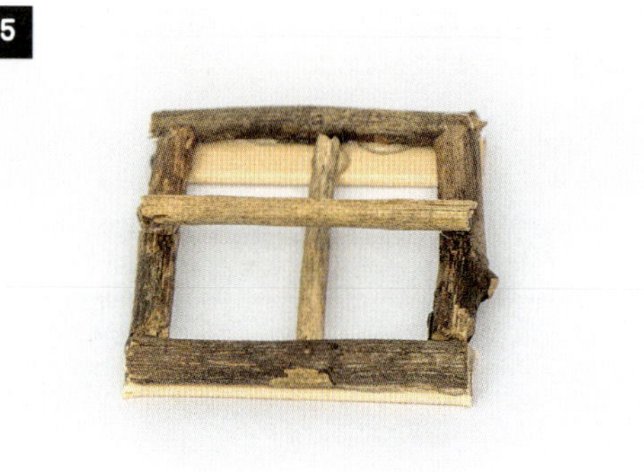

5. Nun den letzten 3 cm langen Stock quer in der Mitte über die anderen Stöcke kleben. Dabei reicht es, die beiden Seiten zu kleben, die Mitte kann frei von Kleber sein.

6

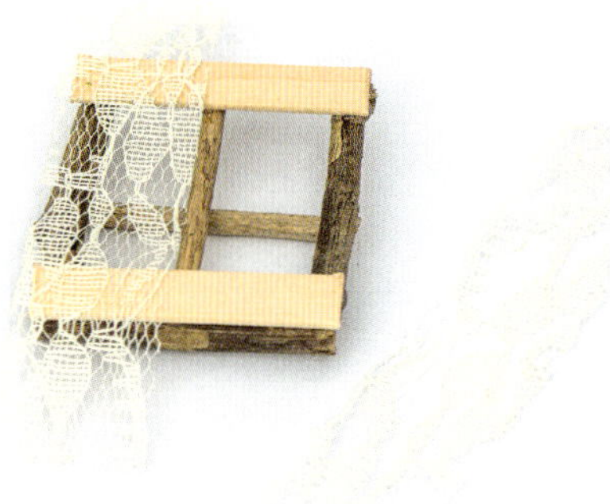

6. Wenn der Kleber gut getrocknet ist, wird das Fenster umgedreht, sodass die Rückseite nach oben zeigt. Anschließend wird etwas Kleber auf die Bastelhölzer gegeben und das Spitzenband wird vertikal rechts und links zwischen die beiden Hölzer geklebt. Dabei sollte das Band straff bleiben und nicht zu locker hängen. Jetzt gut trocknen lassen.

7

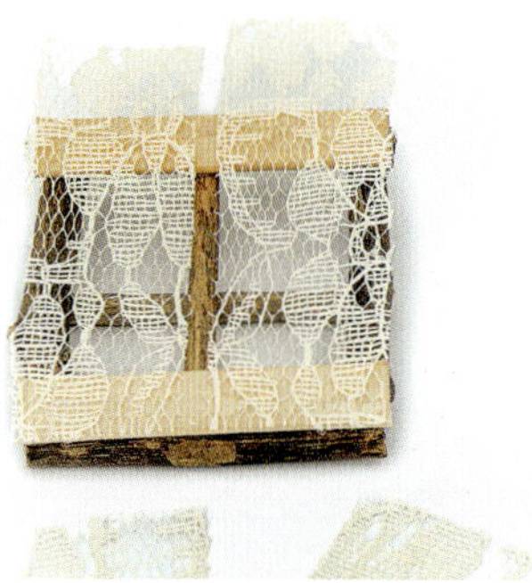

7. Wenn die Bänder zu lang sind, können sie einfach mit einer Schere nah am Rand der Bastelhölzer abgeschnitten werden.

8

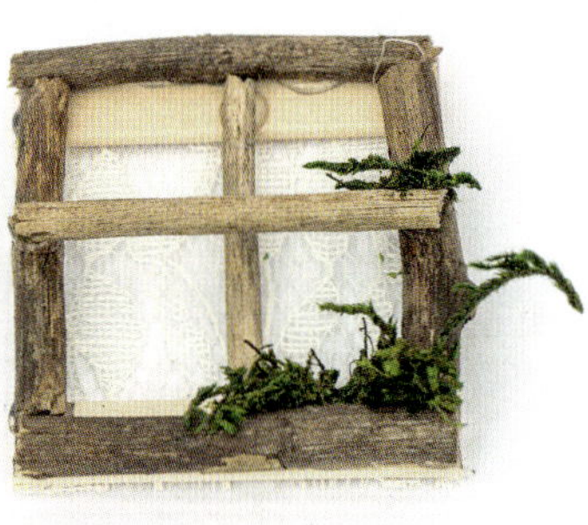

8. Das Fenster nun wieder umdrehen, sodass die Vorderseite nach oben zeigt. An Stellen, an denen noch Klebereste zu sehen sind, etwas Moos ankleben. Wie das am besten geht, ist unter dem Projekt „Nachthimmel-Tür" (S. 22) erklärt.

9

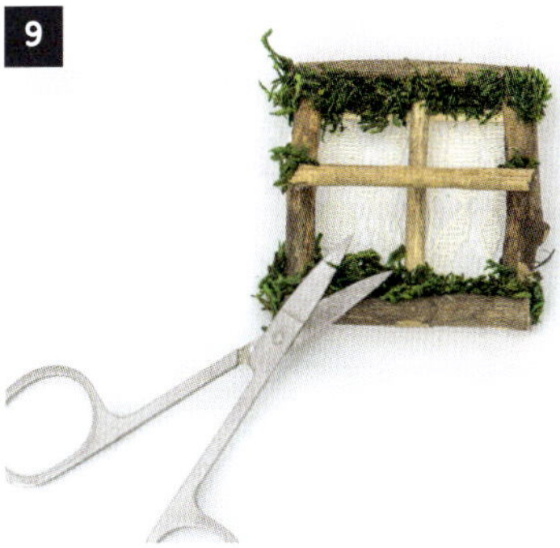

9. Moos, das zu sehr absteht, wird mit einer kleinen Schere gekürzt.

10

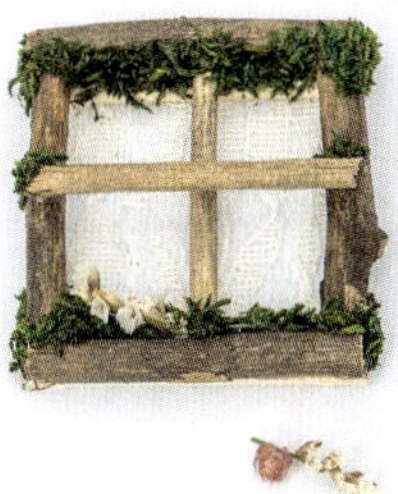

10. Zuletzt können kleine Trockenblumen auf den unteren Stock angeklebt werden, um die Illusion einer bepflanzten Fensterbank zu erzeugen.

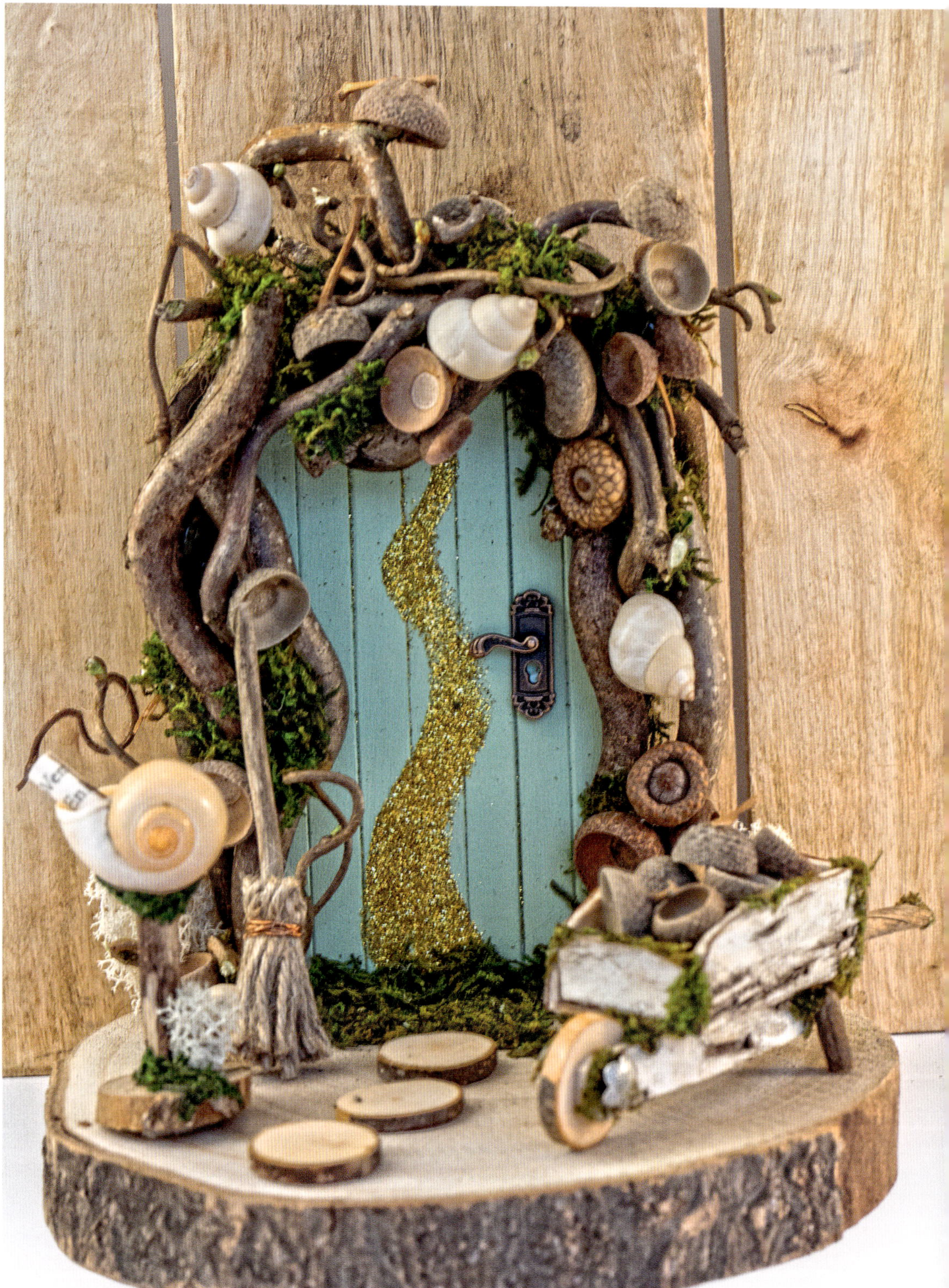

Glitzertür

(TÜR ZUM STEHEN)

MATERIALIEN

- 1 Astscheibe, ca. 15x15 cm
- 7 schmale Bastelhölzer
- 1 Stück Karton, mind. 8x13 cm
- Äste, z. B. von Korkenzieher-Haselzweigen
- Acrylfarbe nach Wahl (für diese Tür wurde Weiß mit etwas Grün vermischt)
- Glitzer zum Basteln
- Rinde
- Lappenmoos
- Eichelhüte
- kleine Muscheln
- Islandmoos
- Türklinke
- Holzleim

WIE ES GEHT

1

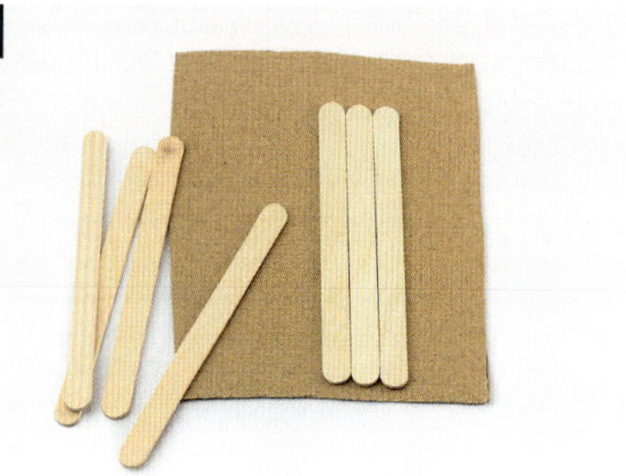

1. Die Bastelhölzer dicht aneinander in der Mitte des Kartonstückes aufkleben.

2

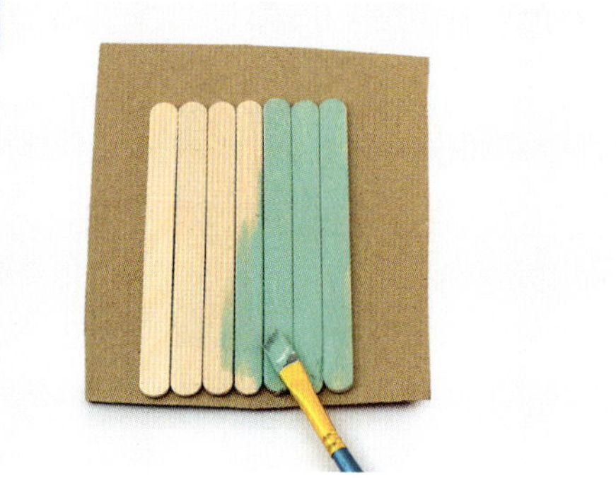

2. Anschließend werden sie mit Acrylfarbe versehen.

3

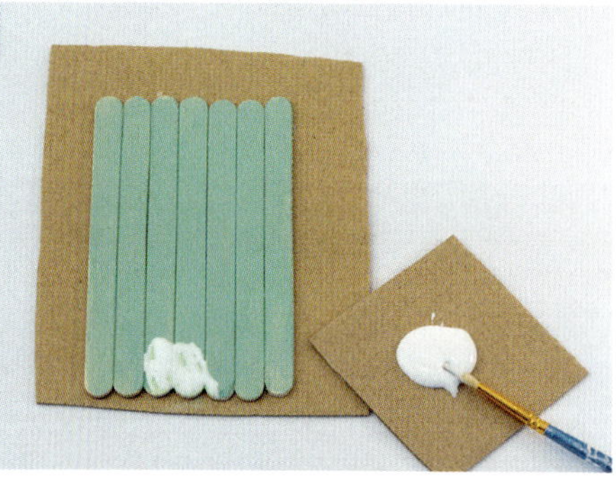

3. Wenn die Farbe komplett trocken ist, wird mit einem dünnen Pinsel etwas Holzleim als Muster dort aufgetragen, wo der Glitzer sein soll. Zügig arbeiten, da der Kleber vor dem nächsten Schritt nicht austrocknen darf.

4

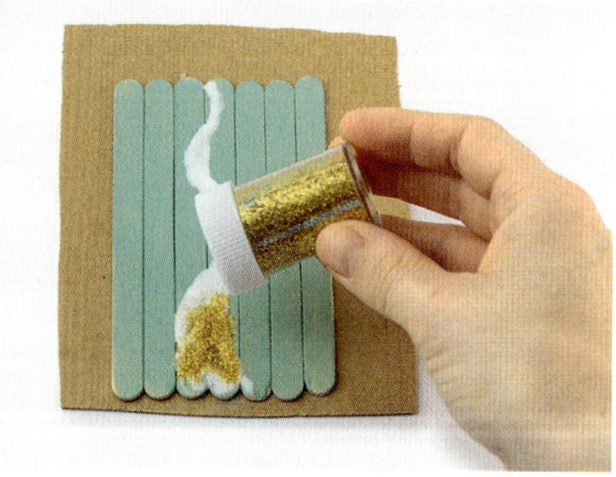

4. Den Glitzer direkt auf das Klebemuster streuen. Glitzer, der über den Rand fällt, kann einfach abgeschüttelt werden, sobald der Kleber vollständig getrocknet ist.

5

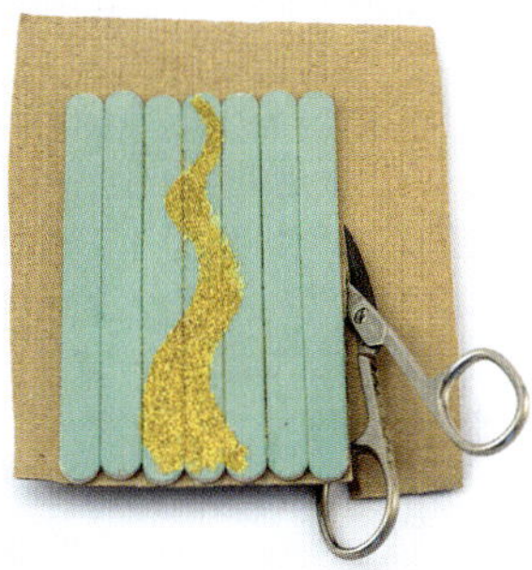

5. Der Rand des Kartons wird mit einer Schere so nah an der Tür wie möglich abgeschnitten und entsorgt.

6

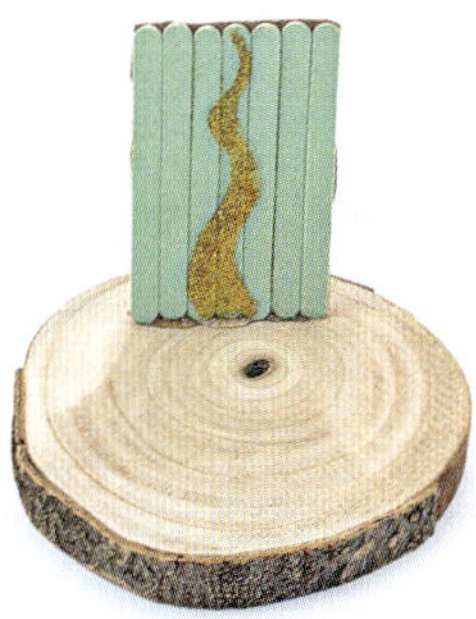

6. Nun wird die Tür mittig und ziemlich weit hinten auf die Holzscheibe geklebt. Dabei sollte man einen Abstand von ca. 2 cm vom Rand lassen, sodass vorne Platz für Zubehör und Dekorationen bleibt. Am besten lässt sich die Tür mit Heißkleber anbringen, da dieser für mehr Stabilität sorgt.

7

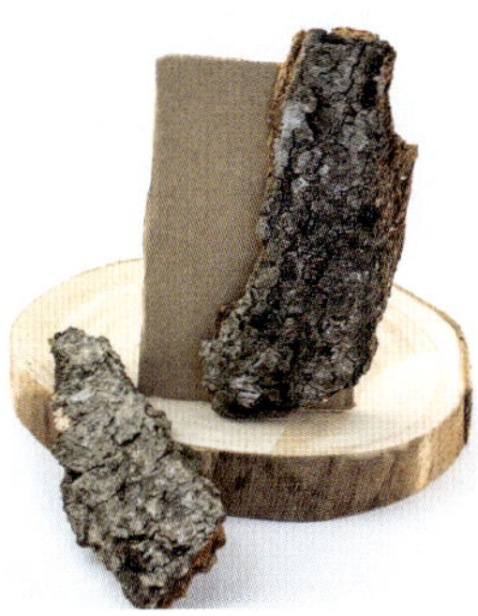

7. Die Holzscheibe wird nun umgedreht, sodass die Rückseite der Türkonstruktion nach vorne zeigt. Anschließend die Rinde direkt auf den Karton kleben. Sie muss ihn nicht komplett bedecken, die Lücken werden später mit Moos versteckt. So sieht sogar die Rückseite der Tür schön und natürlich aus.

FORTSETZUNG NÄCHSTE SEITEN

8

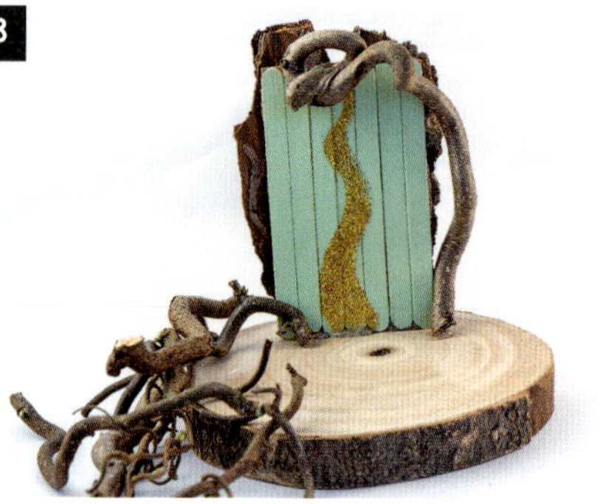

8. Weiter geht es mit der Vorderseite. Dafür die Äste als Türzargen um die Tür herum anbringen, dabei mit den größeren Ästen anfangen. Ganz nach Geschmack können sie in ihrer natürlichen Größe belassen werden oder mit einer Gartenschere entsprechend der Türgröße zugeschnitten werden.

TIPP: Um diesen Schritt zu erleichtern, legt man die Tür mit der Rückseite nach unten. So bleiben die Äste liegen und rutschen nicht weg. Größere Äste werden am besten oben und unten mit Kleber versehen, um ihnen einen besseren Halt zu verleihen.

9

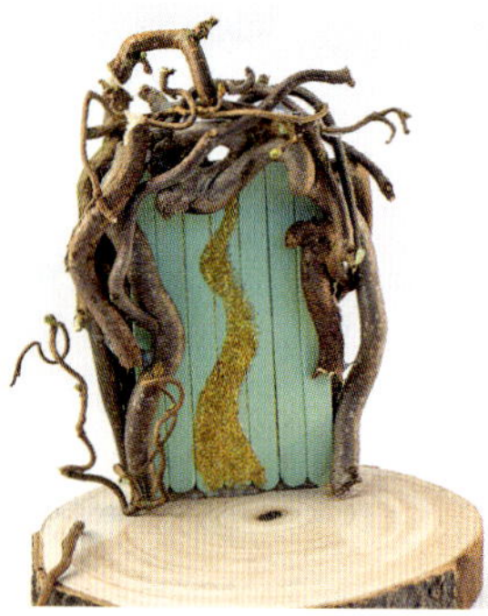

9. Nach und nach auch die kleineren Äste anbringen.

10

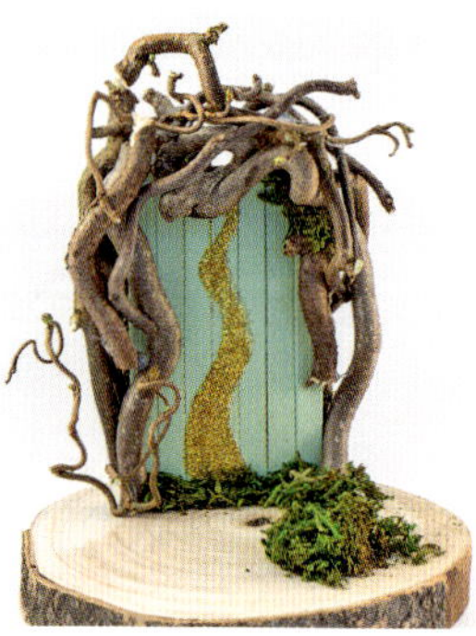

10. Bei Bedarf werden Lücken zwischen den Ästen und dort, wo Klebereste zu sehen sind, mit Moos abgedeckt. Wie das am besten geht, ist unter dem Projekt „Nachthimmel-Tür" (S. 22) erklärt.

11

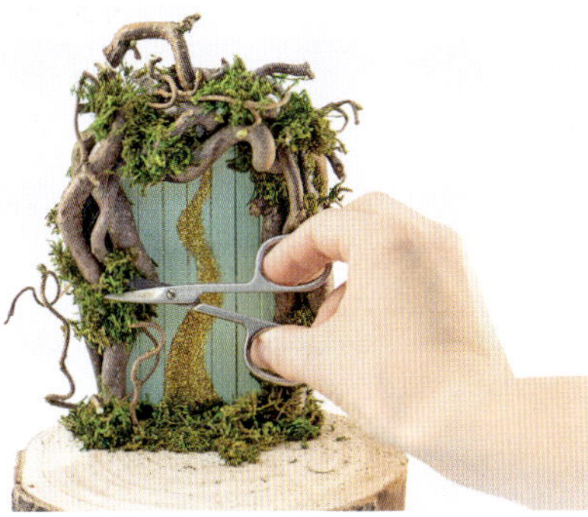

11. Mit einer kleinen Schere kann das Moos etwas gekürzt werden.

12

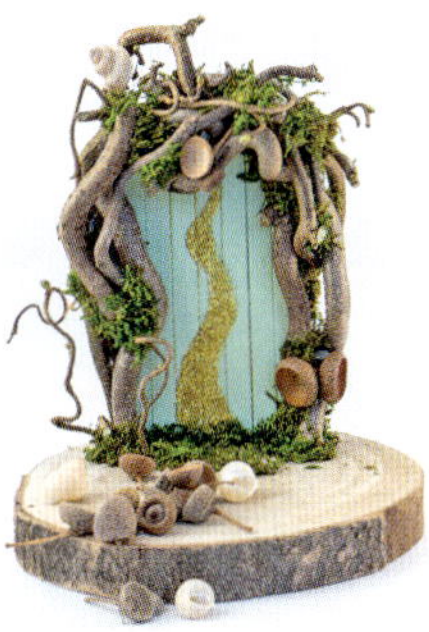

12. Im Anschluss wird die Tür mit Naturmaterialien wie Eichelhüten, Islandmoos und Muscheln geschmückt – einfach nach Geschmack an die Äste kleben.

13

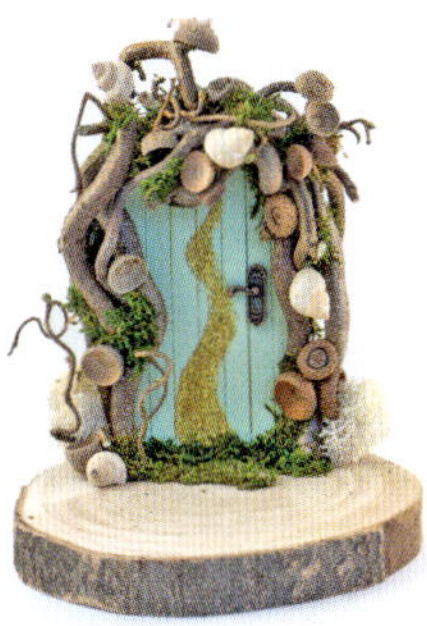

13. Zuletzt wird die Türklinke angebracht.

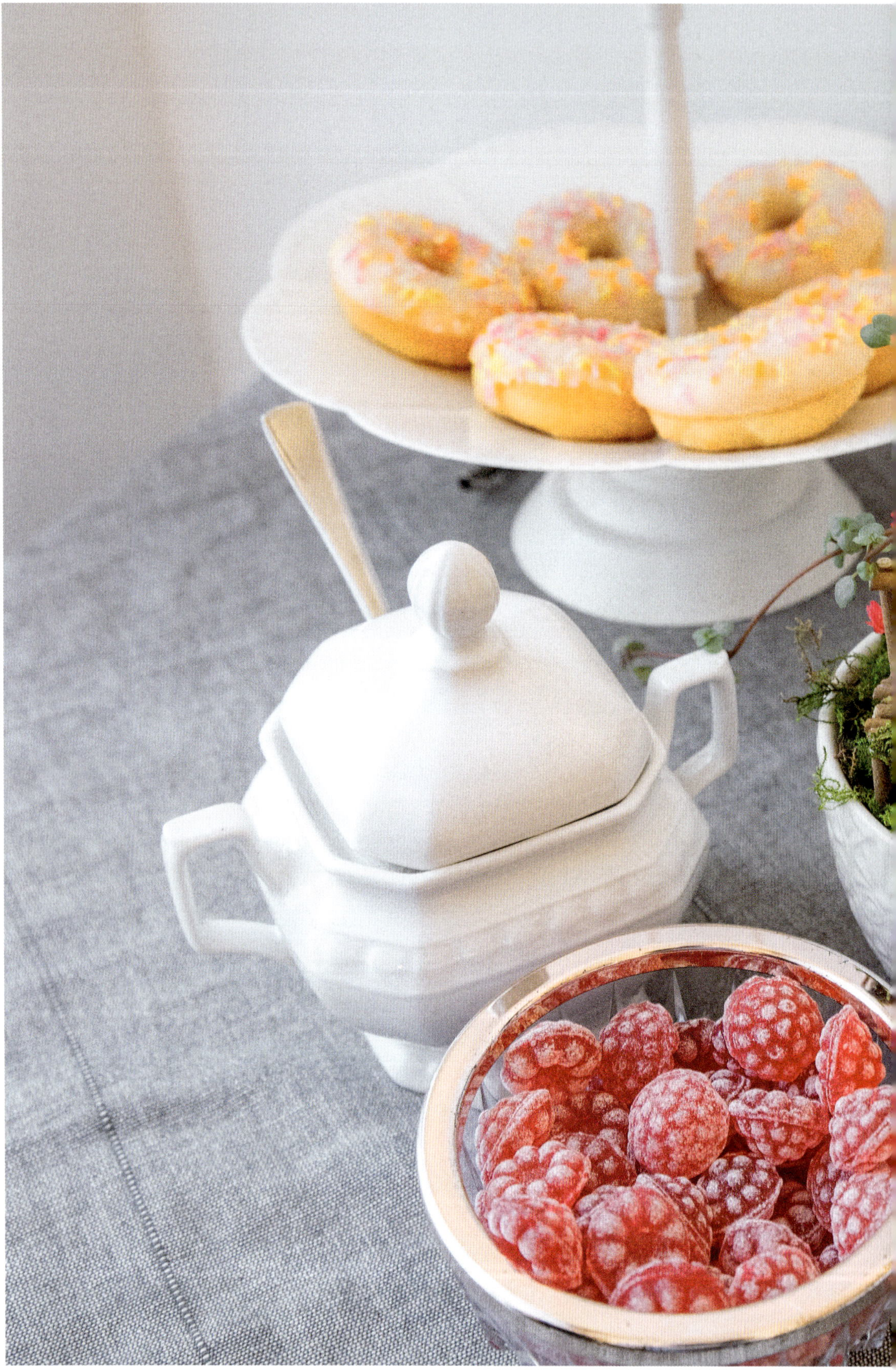

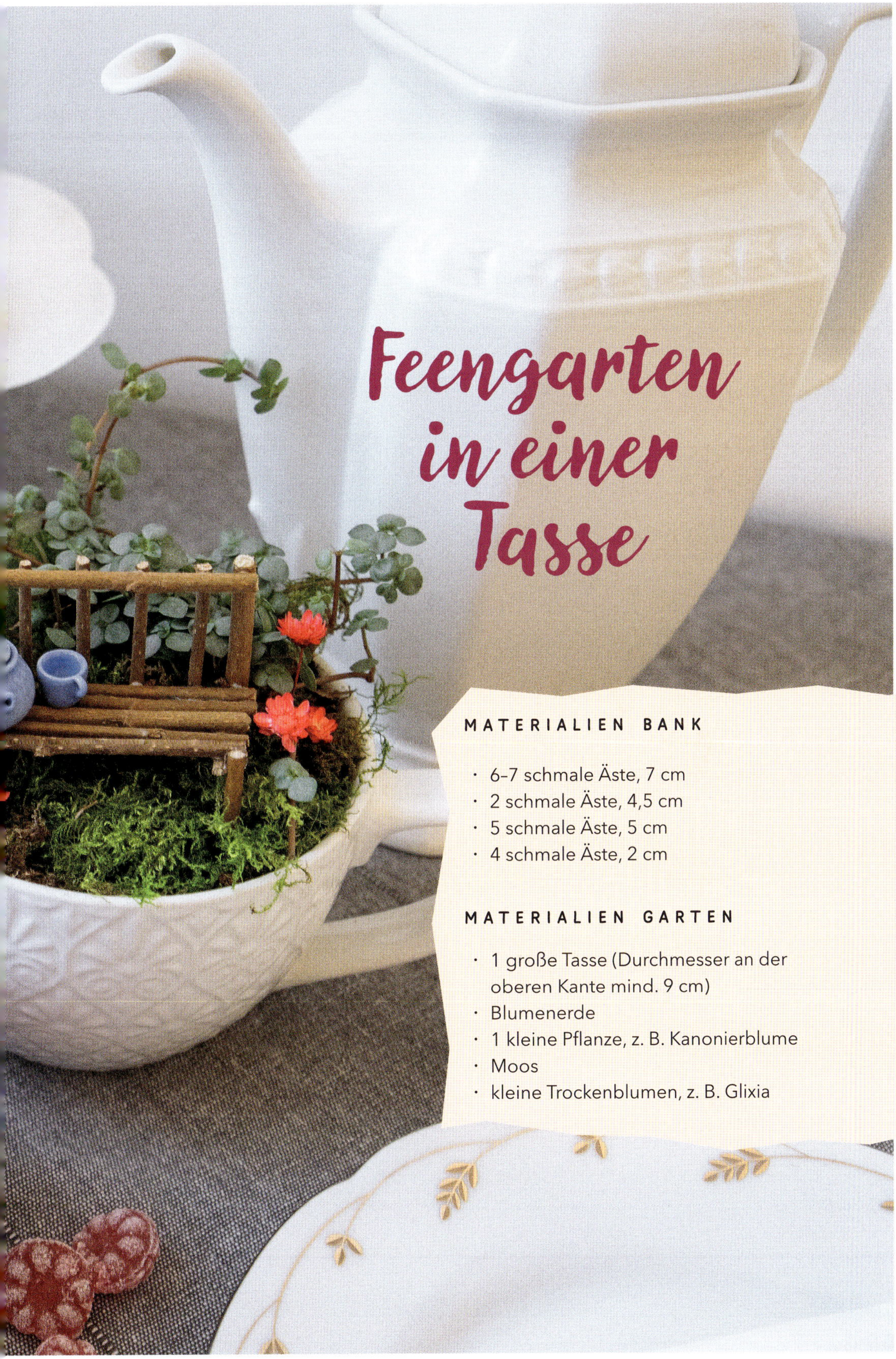

Feengarten in einer Tasse

MATERIALIEN BANK

- 6–7 schmale Äste, 7 cm
- 2 schmale Äste, 4,5 cm
- 5 schmale Äste, 5 cm
- 4 schmale Äste, 2 cm

MATERIALIEN GARTEN

- 1 große Tasse (Durchmesser an der oberen Kante mind. 9 cm)
- Blumenerde
- 1 kleine Pflanze, z. B. Kanonierblume
- Moos
- kleine Trockenblumen, z. B. Glixia

BANK – WIE ES GEHT

1

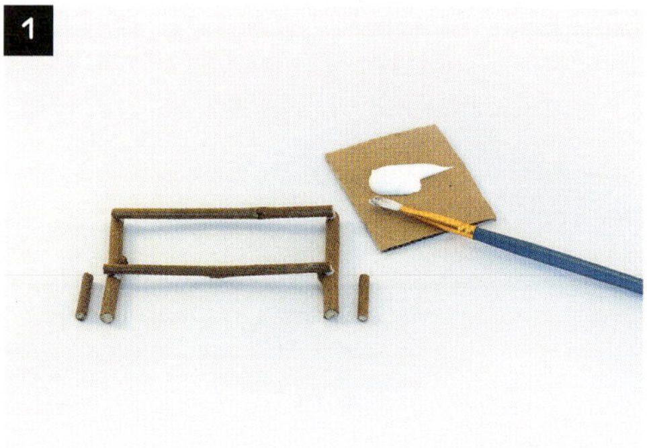

1. Als Erstes werden die zwei 4,5-cm-Äste mit einem Abstand von 6,5 cm vertikal nebeneinander gelegt. Anschließend werden zwei 7-cm-Äste quer über den beiden Ästen angebracht. Den ersten ganz oben an die Äste kleben, den zweiten 2,5 cm vom ersten entfernt. Gut trocknen lassen.

2

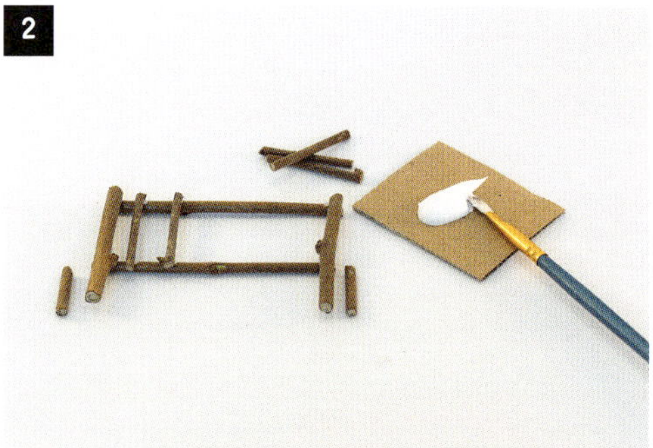

2. Nun wird das Gestell umgedreht, sodass die Unterseite nach oben zeigt. Anschließend werden die 5-cm-Äste nach und nach zwischen den beiden länglichen Ästen im Abstand von ca. 1 cm angebracht. Danach das Gestell kurz zur Seite legen.

3

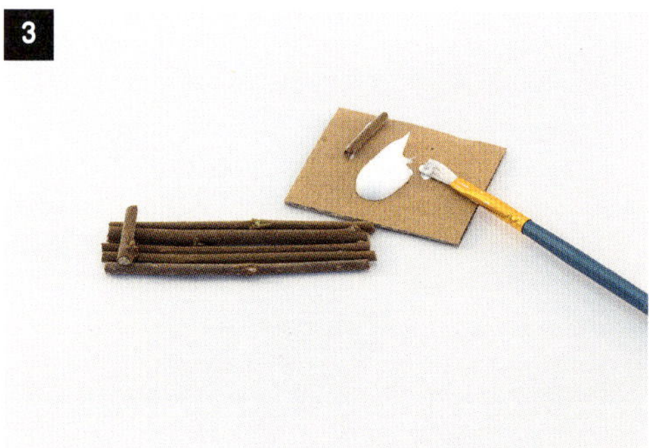

3. Weiter geht es mit der Sitzfläche. Die übrigen 7 cm langen Äste werden auf gleicher Höhe möglichst nah nebeneinander gelegt. Dann werden die ersten 2-cm-Äste links und rechts an die querliegenden Äste angeklebt, um diese zusammenzukleben.

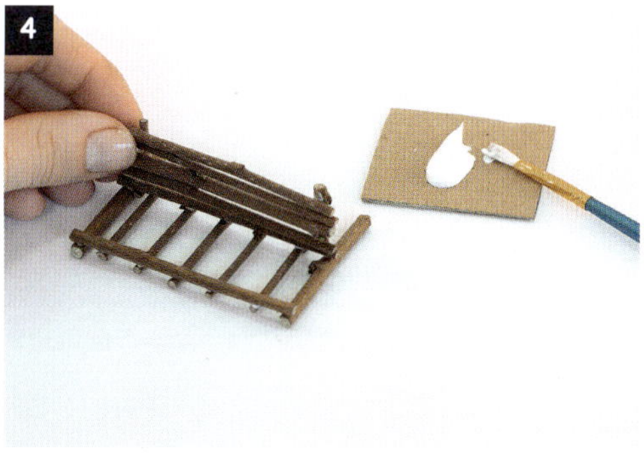

4. Nun wird die Sitzfläche an dem ersten Teil befestigt, indem sie an den unteren 7-cm-Ast geklebt wird.

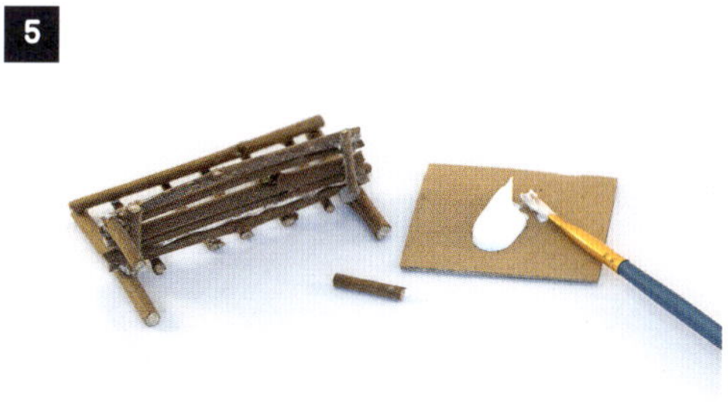

5. Als Letztes werden die beiden übrigen 2-cm-Äste als Bankbeine an der Vorderseite der Sitzfläche angebracht.

6

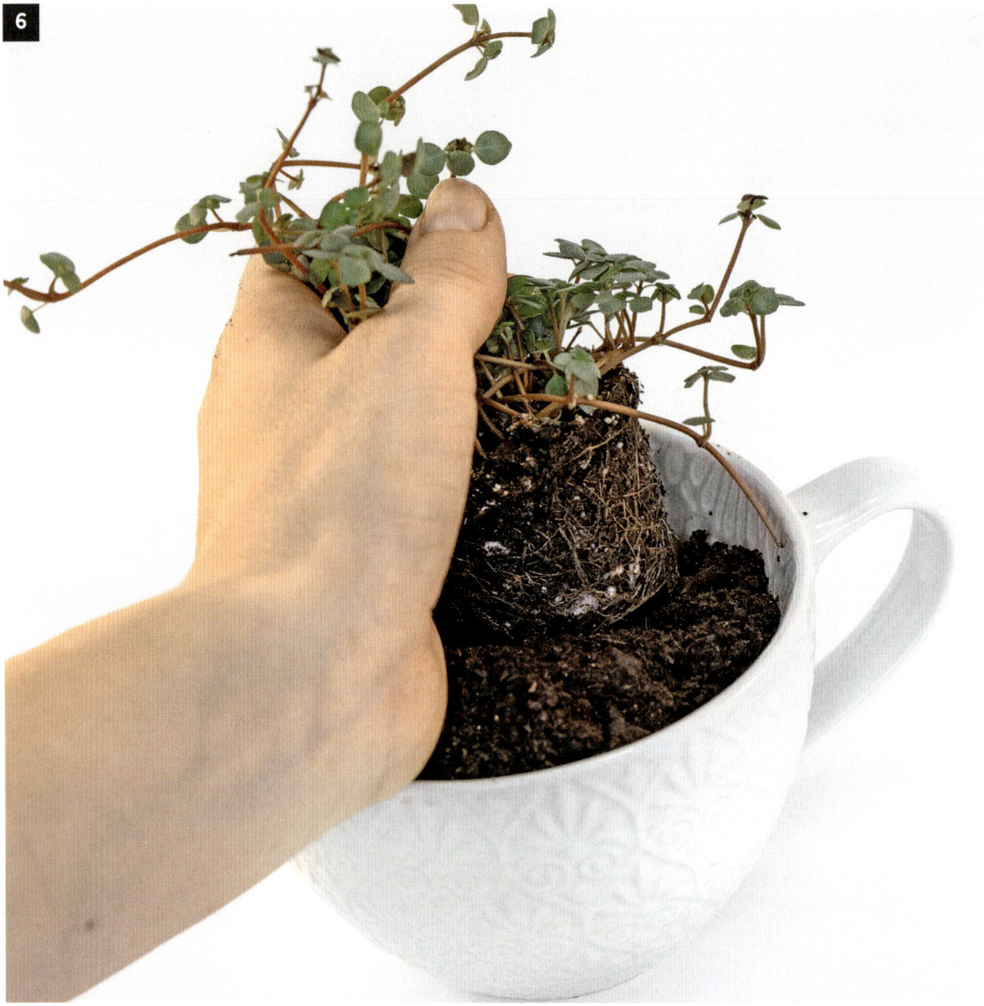

6. Zunächst die Tasse bis knapp unter den Rand mit Blumenerde befüllen. Daraufhin kann die ausgewählte Pflanze eingesetzt werden. Sie sollte etwas weiter hinten platziert werden, um Platz für die Dekorationen frei zu lassen.

7

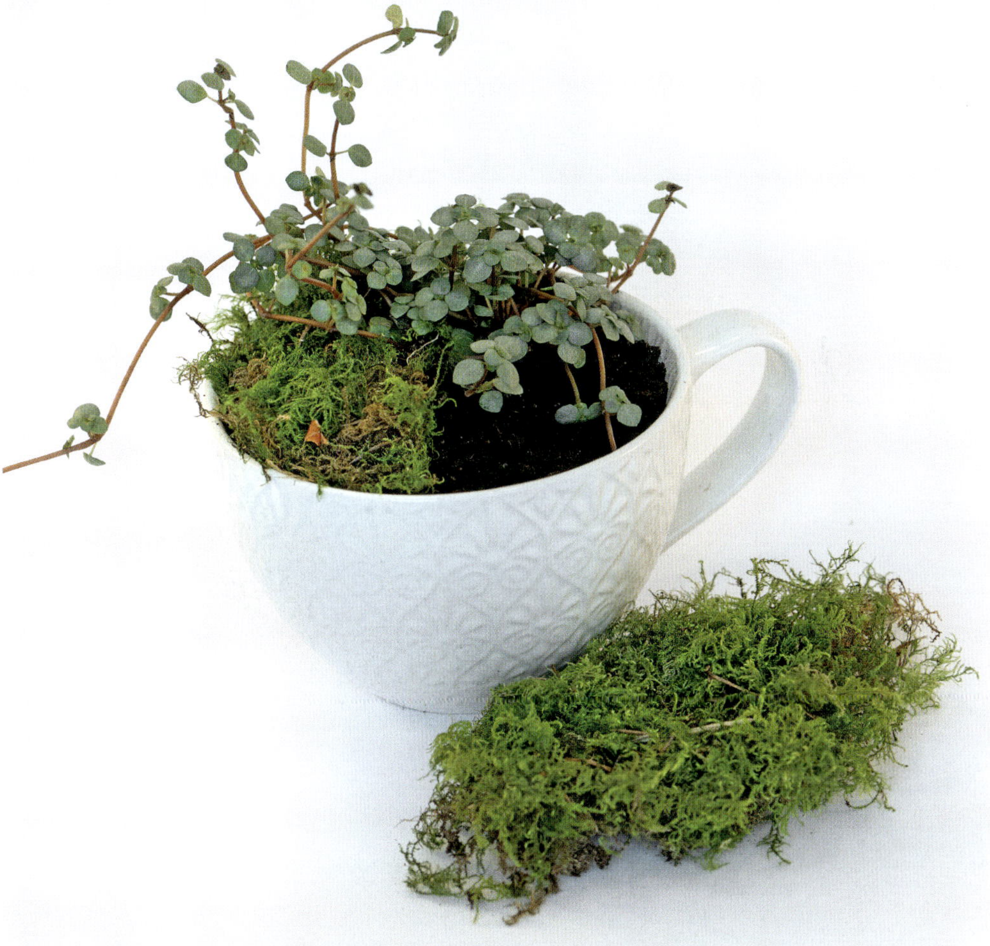

7. Nun wird das Moos, das sich gut mit einer Schere durchschneiden oder mit den Fingern durchbrechen lässt, in passende Stücke geteilt. Anschließend das Moos schön um die Pflanze herum drapieren.

8

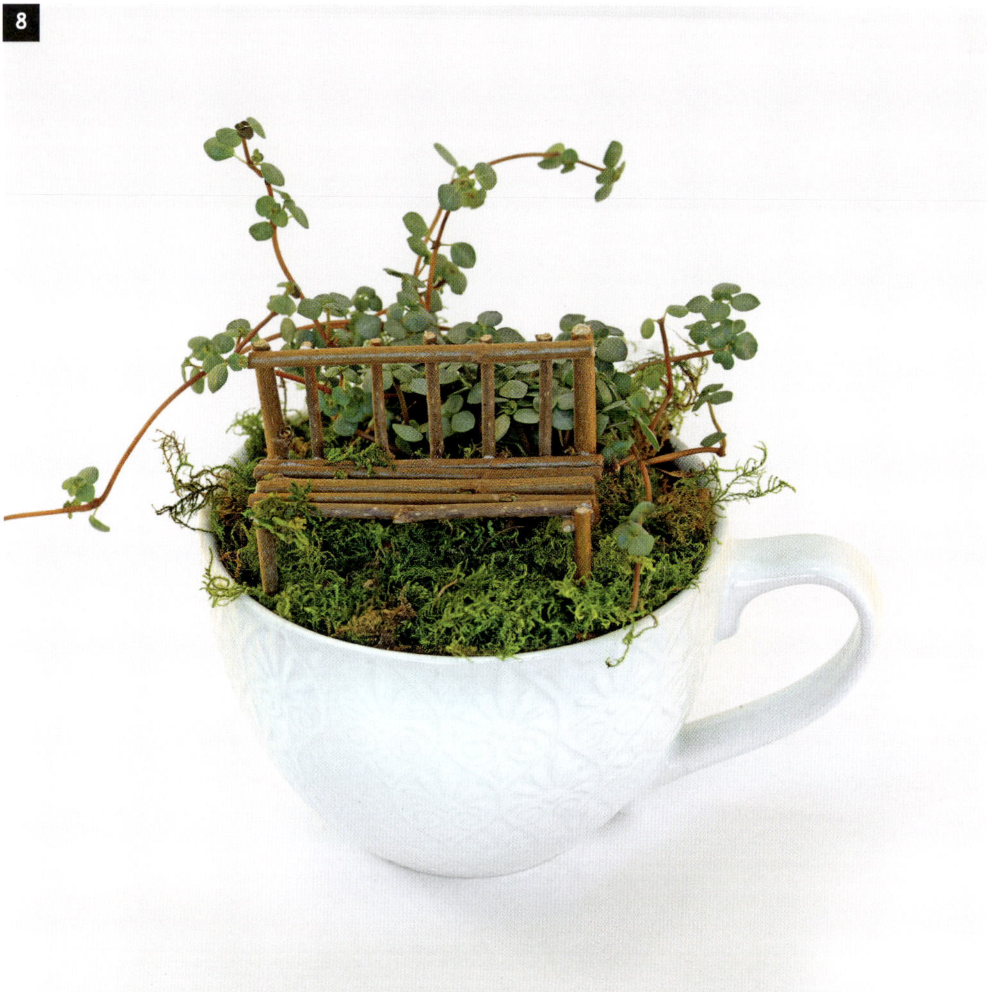

8. Die fertige Feenbank wird nun direkt vor die Pflanze auf das Moos gestellt. Damit sie nicht herunterfällt, wenn die Tasse bewegt wird, kann sie vorsichtig etwas nach unten gedrückt werden.

9

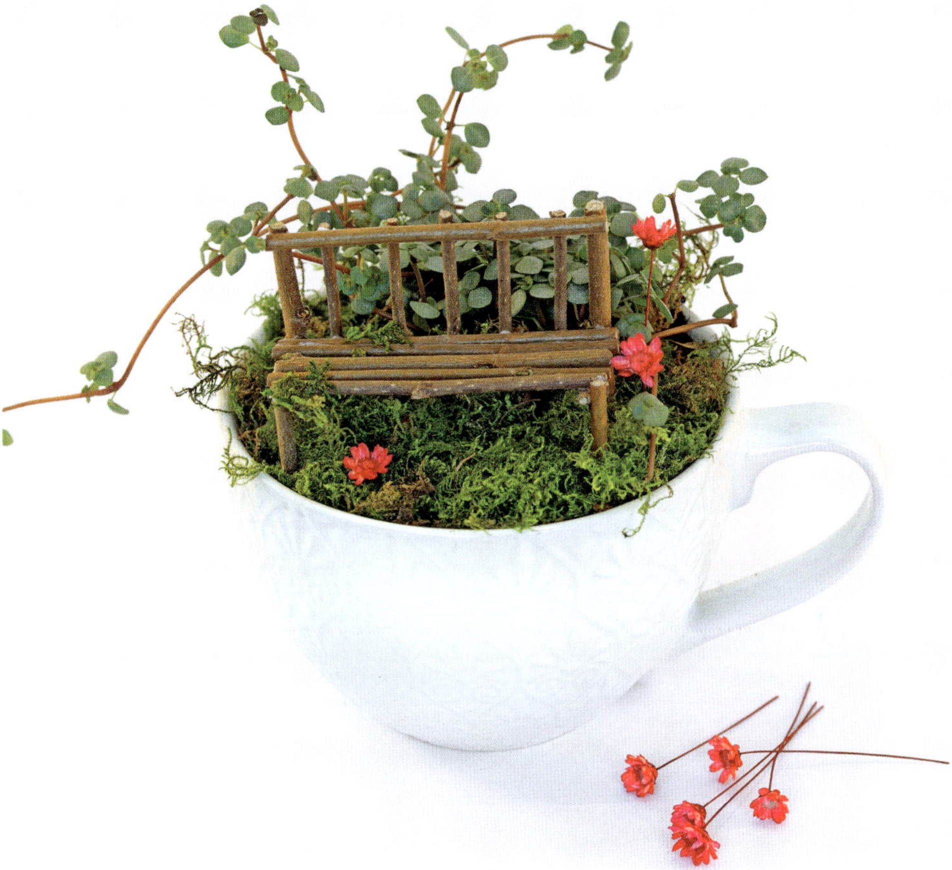

9. Die kleinen Trockenblumen werden mit einer Schere gekürzt und ganz leicht in die Erde oder in das Moos gesteckt. Das sieht noch natürlicher aus, wenn man die kleinen Blümchen in verschiedenen Höhen einsetzt.

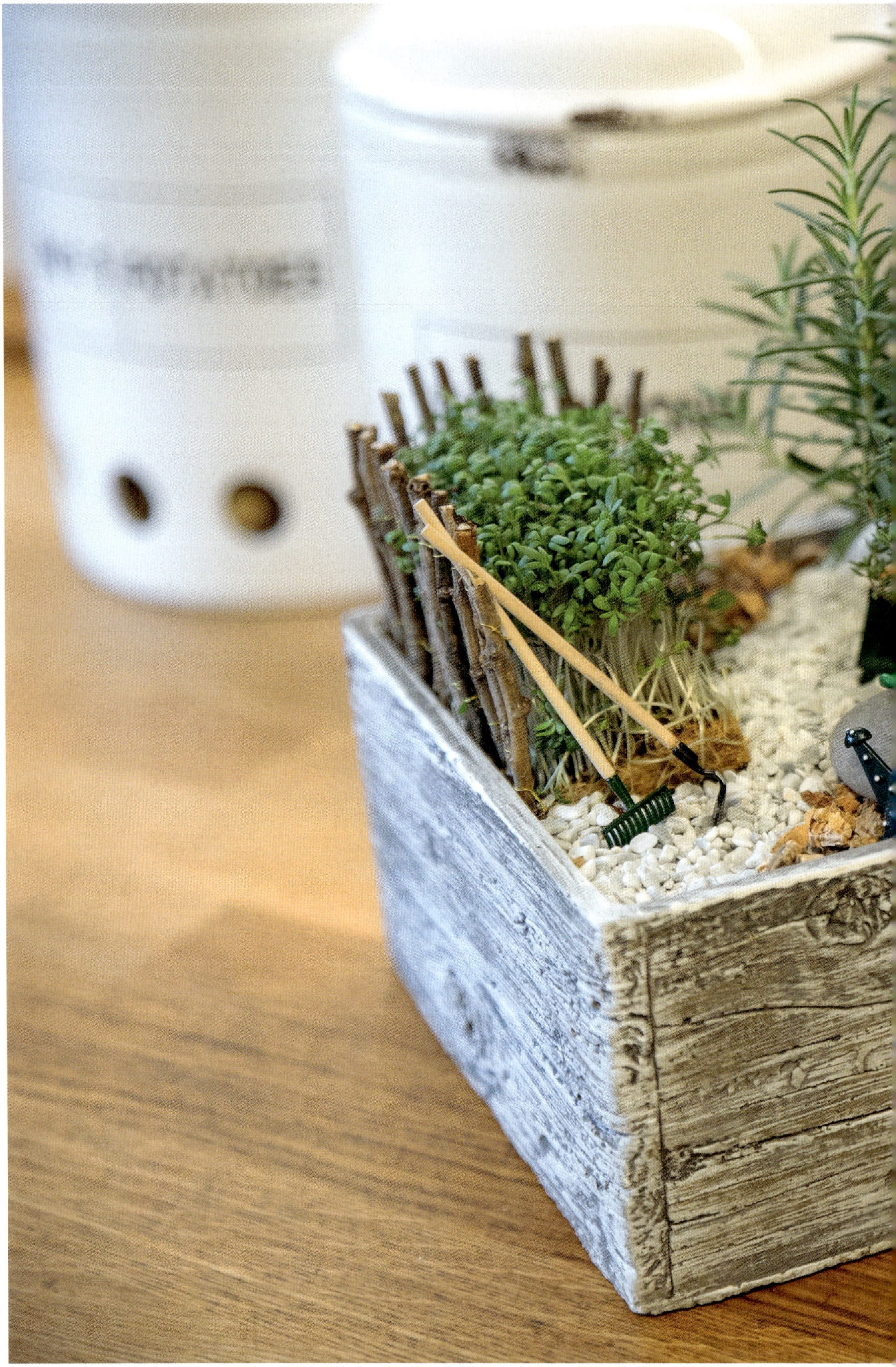

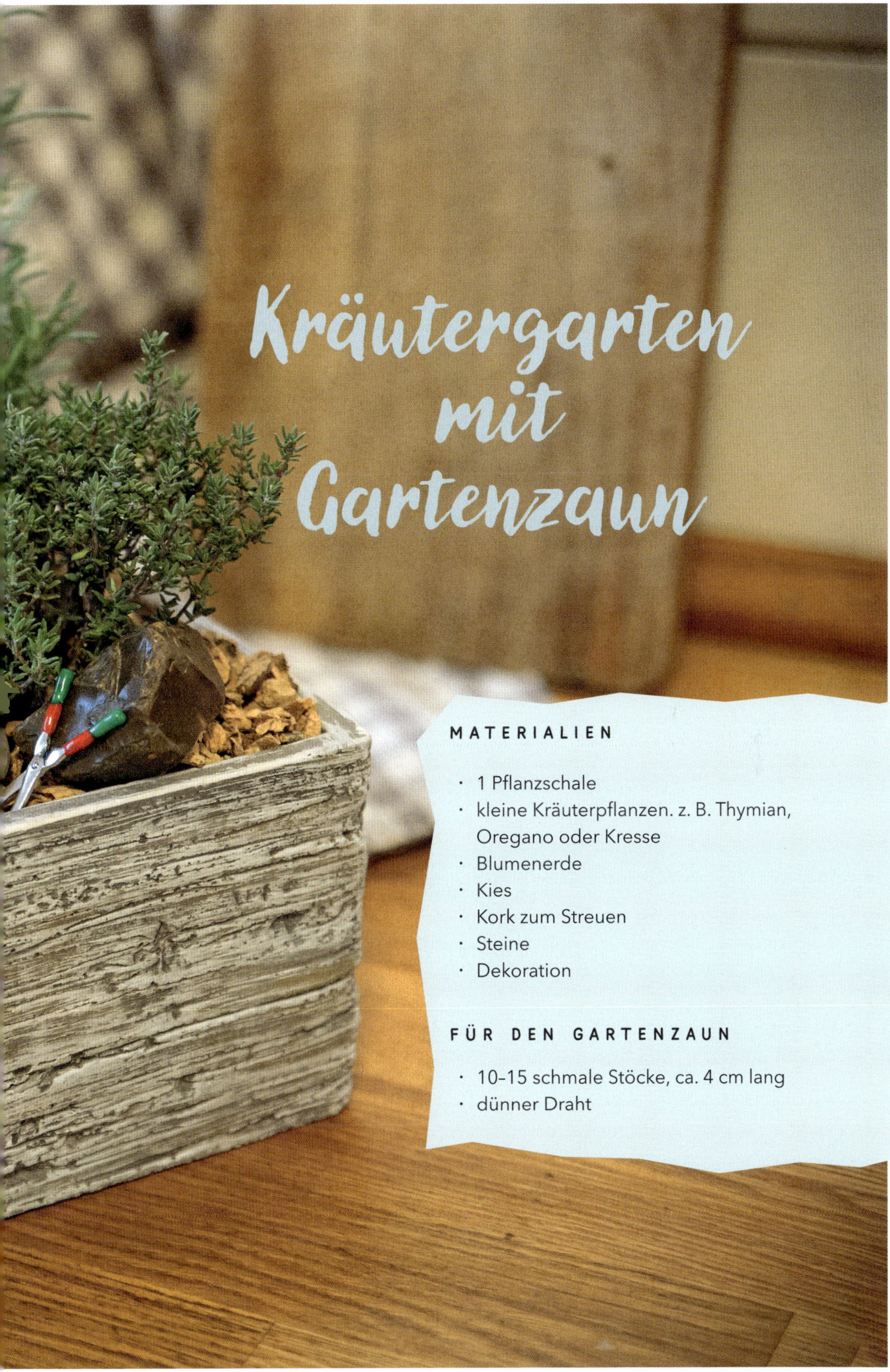

Kräutergarten mit Gartenzaun

MATERIALIEN

- 1 Pflanzschale
- kleine Kräuterpflanzen. z. B. Thymian, Oregano oder Kresse
- Blumenerde
- Kies
- Kork zum Streuen
- Steine
- Dekoration

FÜR DEN GARTENZAUN

- 10–15 schmale Stöcke, ca. 4 cm lang
- dünner Draht

1

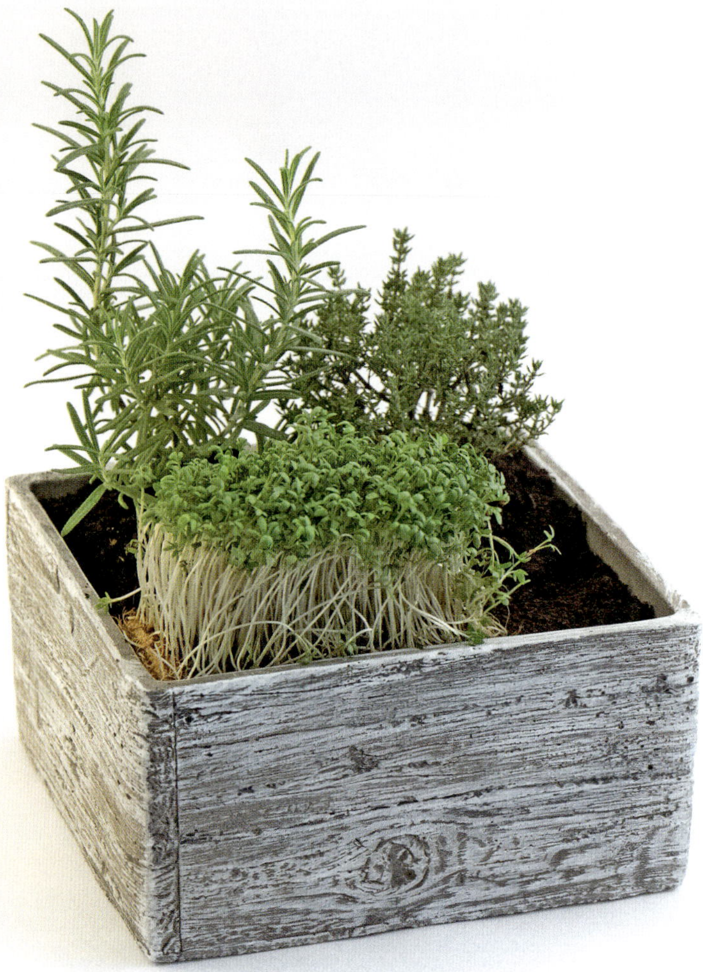

1. Die Pflanzschale bis knapp unter den Rand mit Erde befüllen und die Kräuterpflanzen an der gewünschten Stelle einpflanzen. Dabei die Kresse nur auf die Erde stellen und nicht einpflanzen.

2

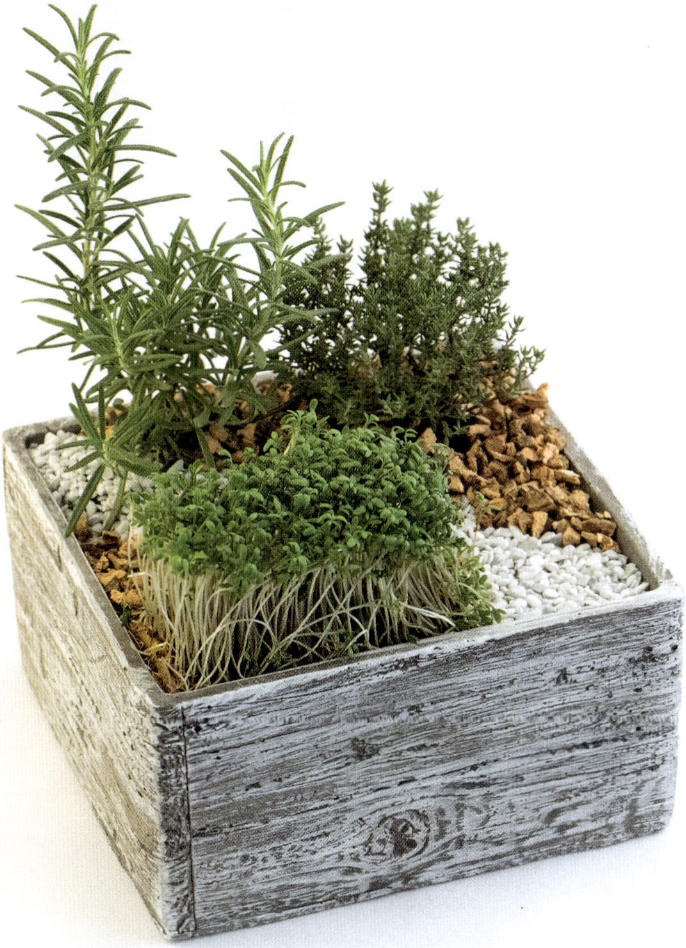

2. Kies und Kork werden ebenfalls auf die Erde gestreut und mit den Fingern etwas festgedrückt. Wenn die Pflanzenschale groß genug ist, kann man nach Belieben auch kleine Wege formen.

3

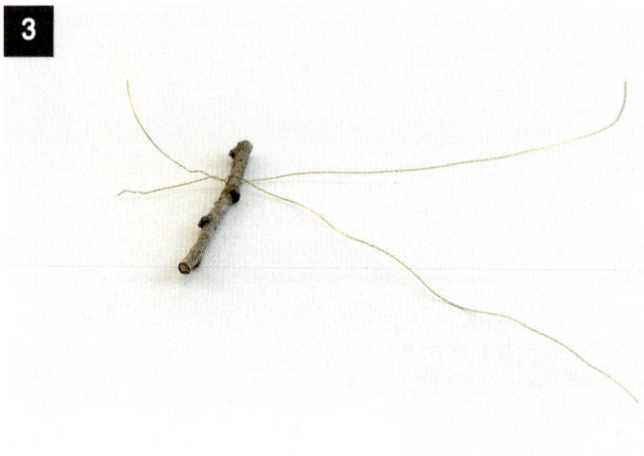

4

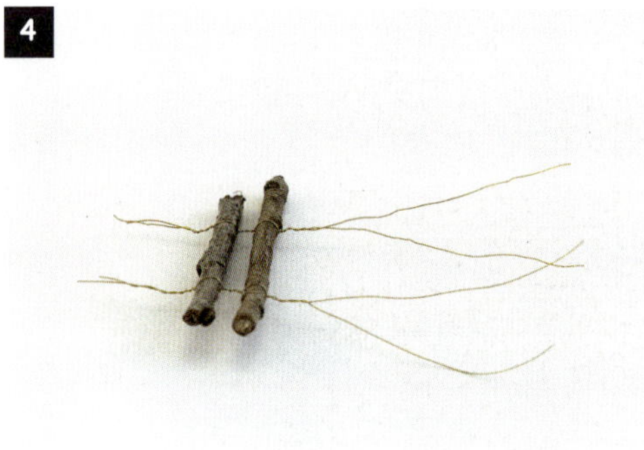

5

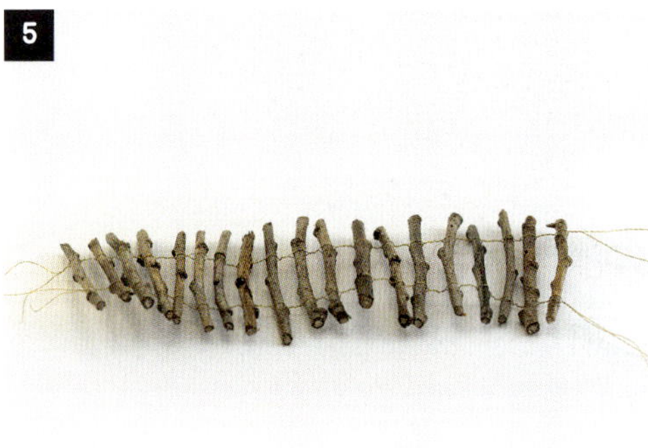

3. Für den Zaun benötigt man 4 Drahtstücke mit einer Länge von ca. 30 cm. Zwei Drahtenden werden zusammengedreht und oben um einen Stock gewickelt. Danach werden die zwei Drahtenden noch ein paar Mal gedreht, um den Stock zu befestigen. Das Gleiche wiederholt man am unteren Ende des ersten Stockes.

4. Schritt 1 wird jetzt so lange mit den anderen Stöckchen wiederholt, bis der Zaun die gewünschte Länge hat.

5. Am Ende werden die Drahtenden noch mal zusammengedreht und abgeschnitten.

6

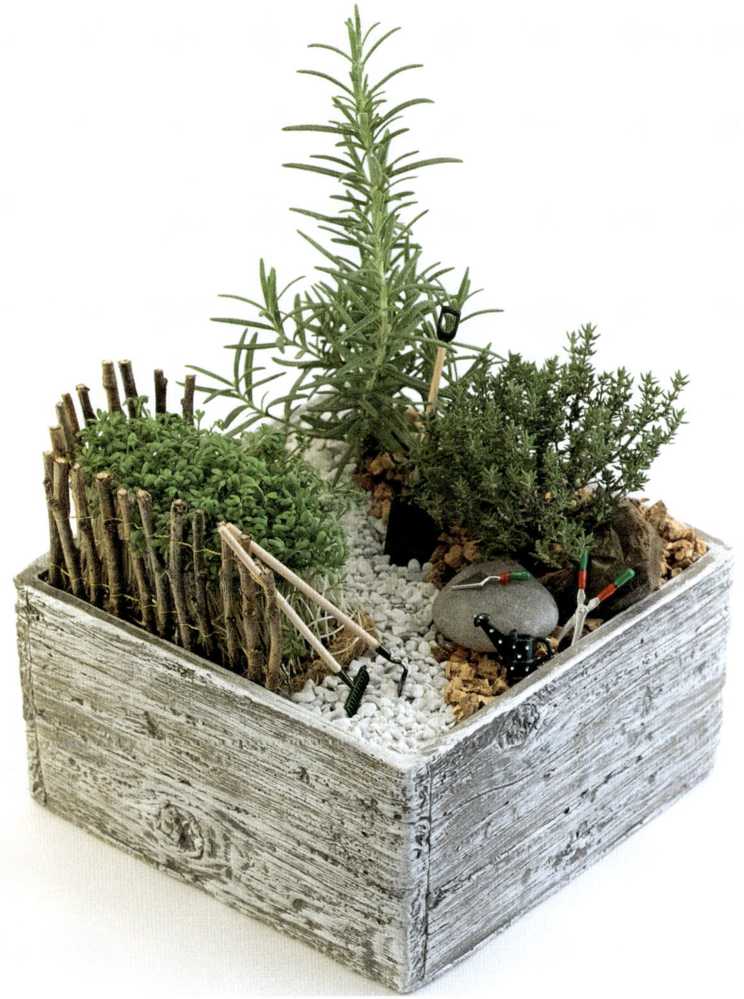

6. Den Zaun nun einfach um die Kresse herum platzieren und in die Erde stecken. Zum Schluss kann der Garten mit Steinen und kleinen Feenartikeln dekoriert werden.

Leiter

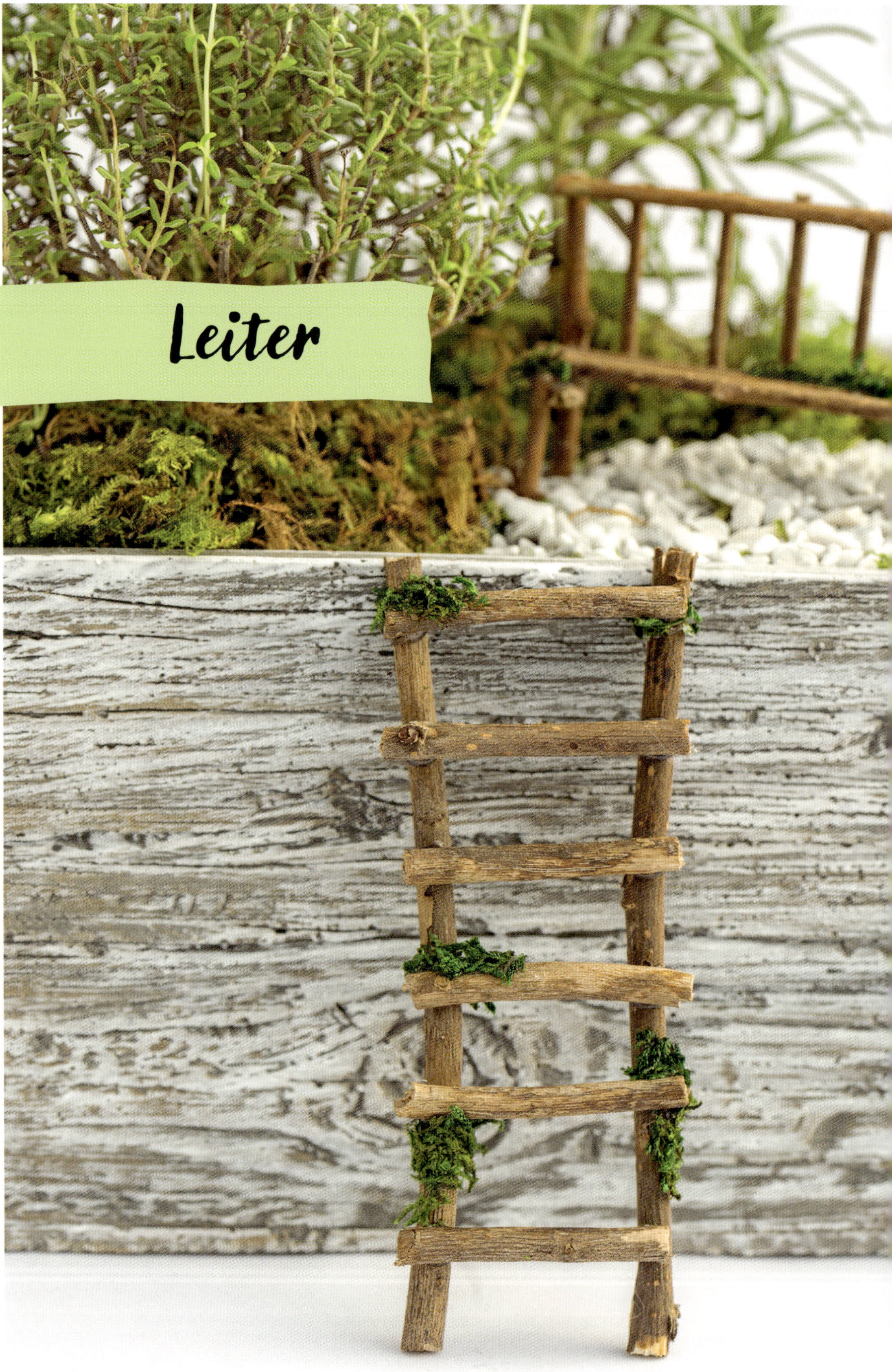

WIE ES GEHT

1

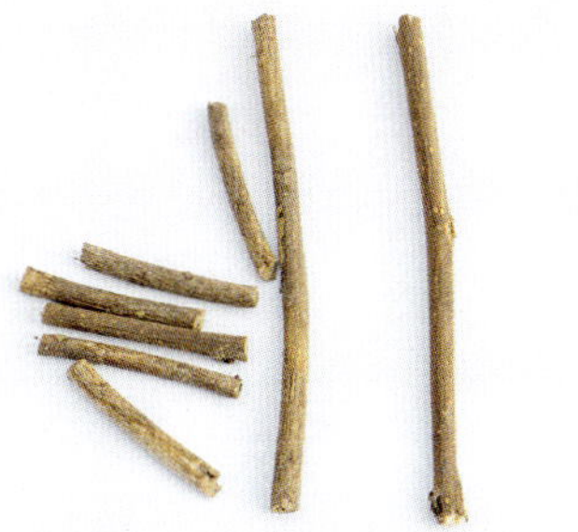

2

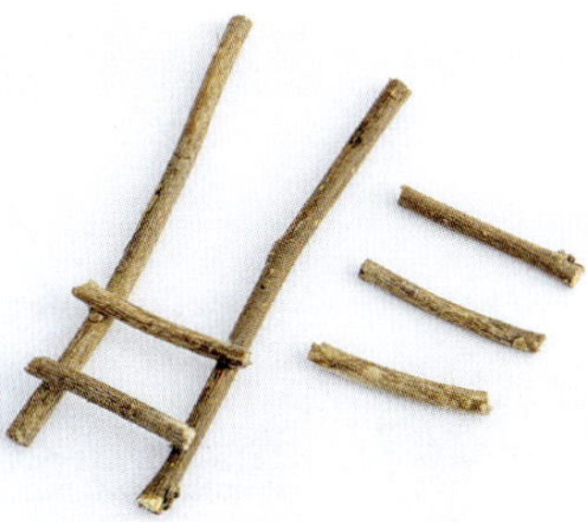

3

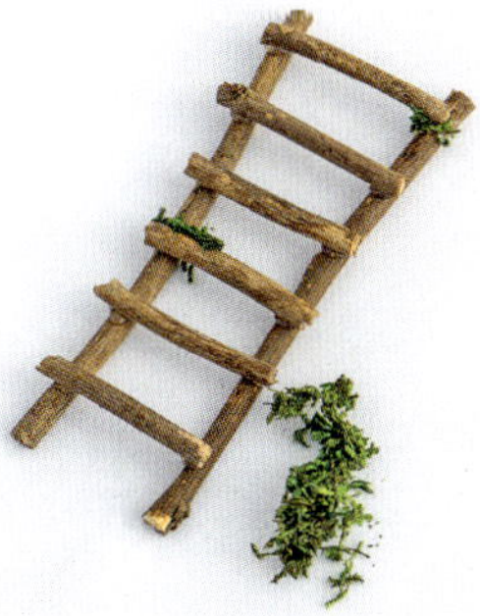

MATERIALIEN

2 schmale Stöcke, 10 cm; 6 schmale Stöcke, 4 cm; Plattenmoos

1. Die zwei längeren Stöcke werden vertikal mit einem Abstand von 3 cm nebeneinander gelegt. Wichtig dabei ist, dass die beiden Stöcke gerade und gleichmäßig auf einer Höhe liegen.

2. Nun den ersten kurzen Stock horizontal zwischen die beiden längeren Stöcke kleben. Dabei sollte man unten einen Abstand von ca. 1 cm einhalten. Die weiteren kurzen Stöcke werden genauso mit einem Abstand von ca. 1,5 cm nach und nach angebracht.

3. Zum Schluss werden bei Bedarf Klebereste mit etwas Moos bedeckt.

Fliegenpilz

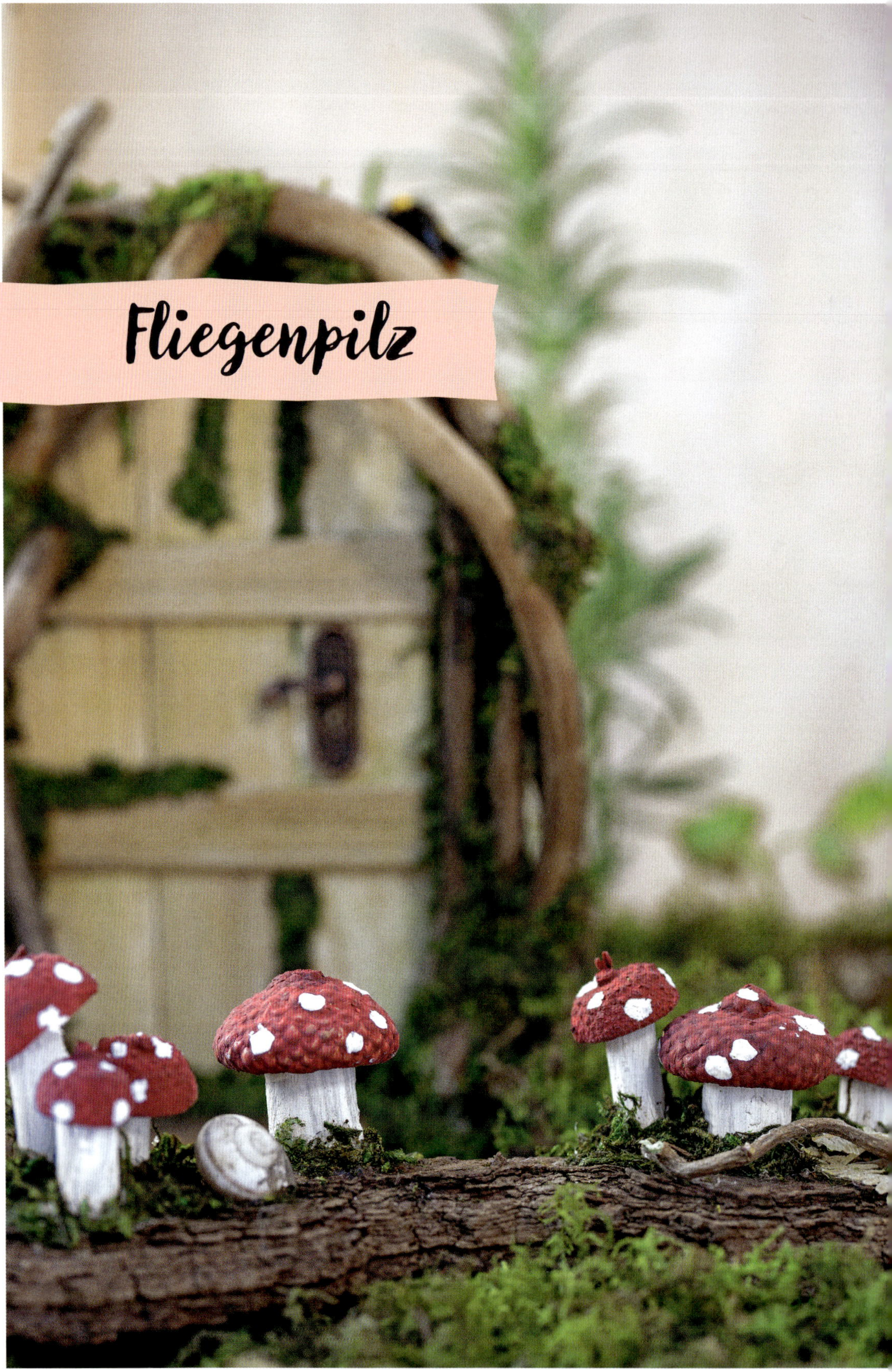

WIE ES GEHT

1

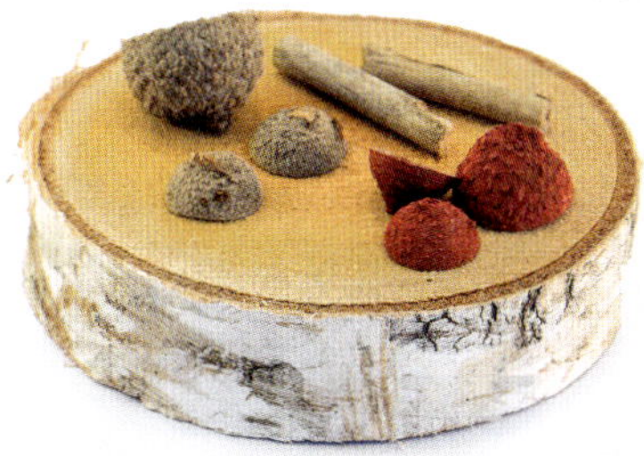

2

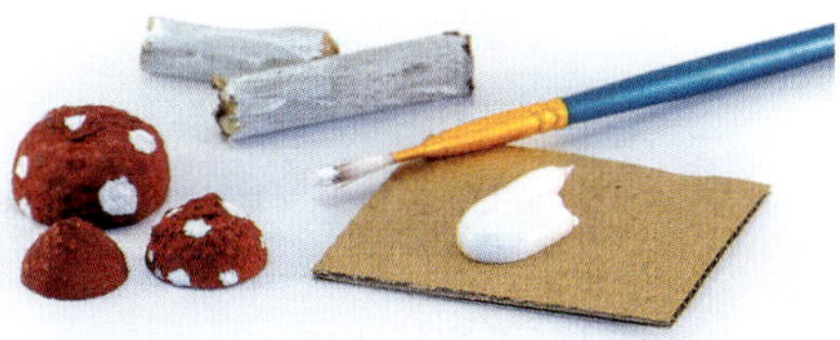

3

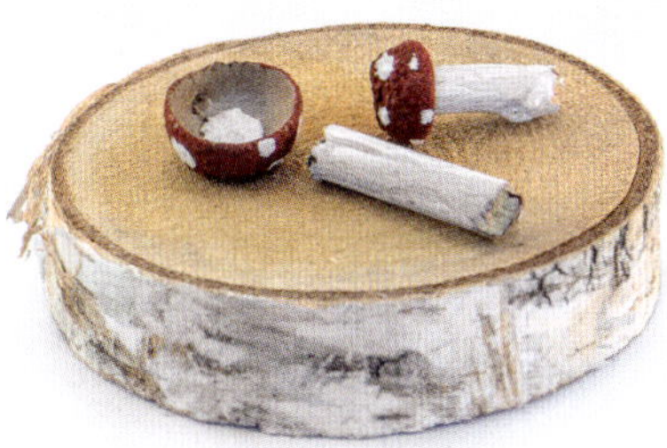

MATERIALIEN

kleine Stöcke für die Stiele; Eichelhüte für die Hüte; Acrylfarbe in Rot und Weiß

1. Als Erstes werden die Eichelhüte mit roter Farbe angemalt. Diese trocknen lassen. Anschließend die Stöcke mit einer Gartenschere auf die gewünschte Länge kürzen.

2. Dann die Stöcke mit weißer Farbe bemalen und trocknen lassen. Inzwischen auf die roten Eichelhüte weiße Punkte malen.

3. Wenn alle Teile getrocknet sind, werden die Hüte auf die Stöcke geklebt. Die Fliegenpilze sind jetzt fertig und sehen einfach zauberhaft aus – ob einzeln in die Erde gesteckt oder mehrere hübsch angeordnet auf einem Stück Rinde.

Vogelnistkasten

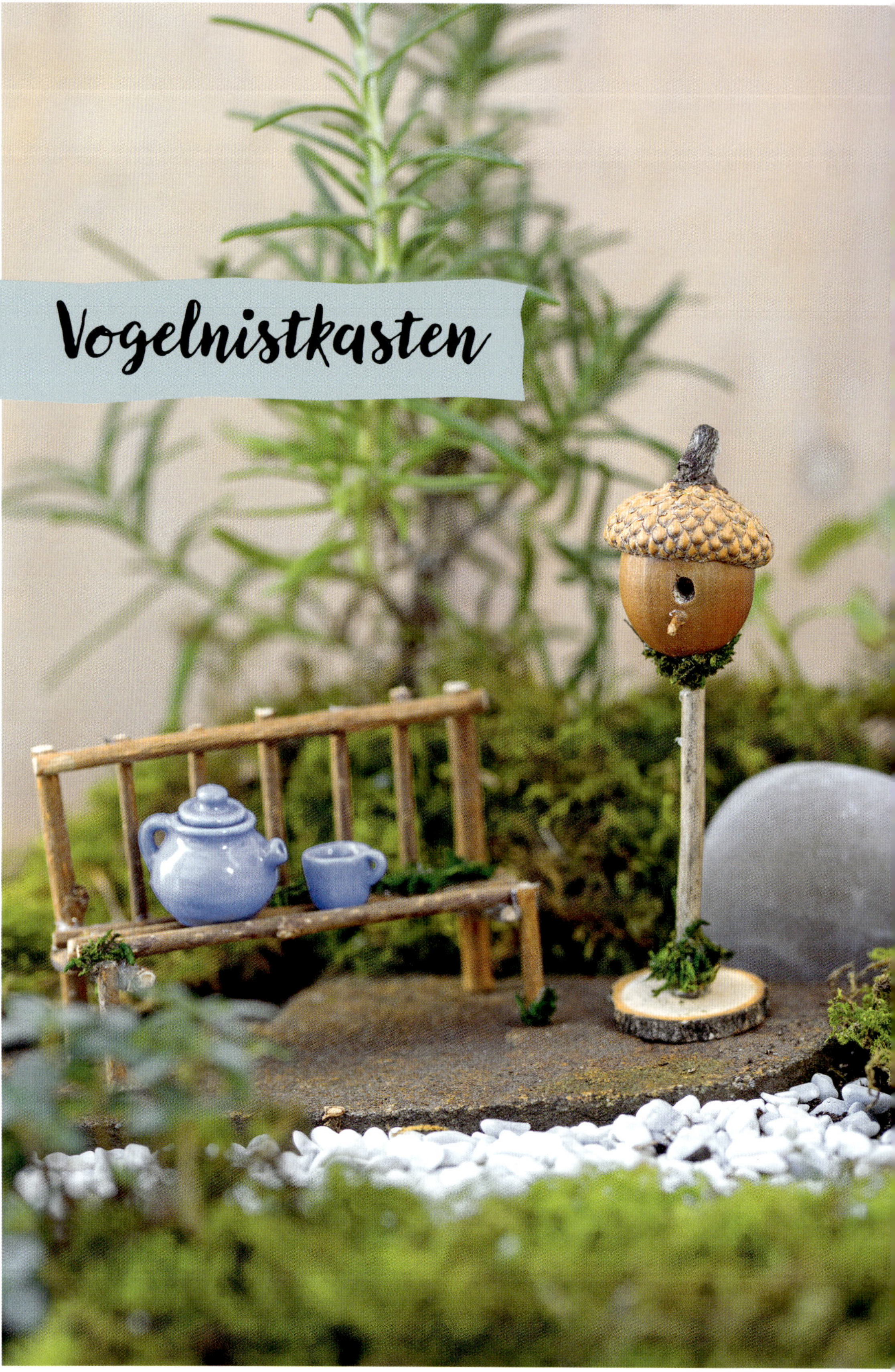

WIE ES GEHT

1

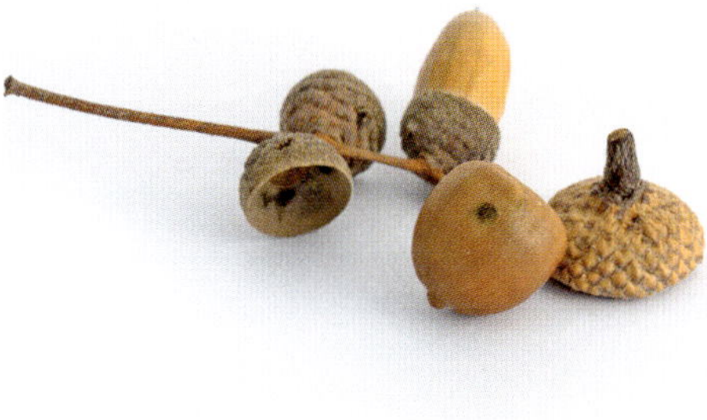

2

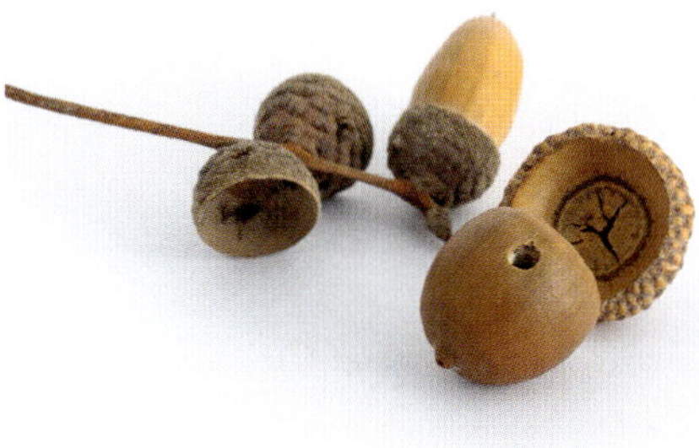

3

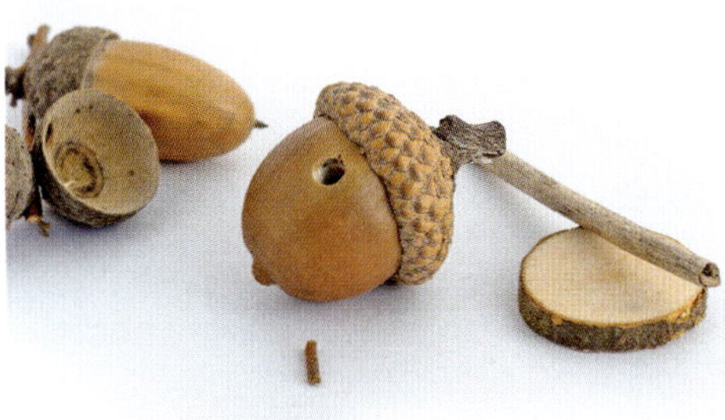

MATERIALIEN

1 Eichel mit Hut; 1 schmaler Stock, 5 cm; 1 Mini-Stock, 2 mm; 1 kleine Holzscheibe, Plattenmoos; Holzbohrer, 2 mm

1. Zur Orientierung wird zunächst ein Punkt an die Stelle der Eichel gemalt, wo später das Loch sein soll. Danach (wenn noch nicht getrennt) wird die Eichel vorsichtig mit einer Messerspitze vom Hut getrennt. So fällt das Bohren leichter.

2. Nun das Loch langsam, vorsichtig und mit leichtem Druck bohren. Die Eichel sollte jedoch nicht komplett durchgebohrt werden.

3. Jetzt den Hut wieder auf die Eichel kleben und das Mini-Stöckchen direkt unter dem Loch anbringen.

4. Der Stock wird nun in der Mitte der Holzscheibe angeklebt. Das funktioniert am besten mit Heißkleber, da er für mehr Stabilität sorgt.

5. Die Eichel wird direkt an den Stock geklebt, wobei die Hutspitze genau nach oben zeigen sollte. Anschließend werden Kleberreste bei Bedarf mit Moos verdeckt.

4

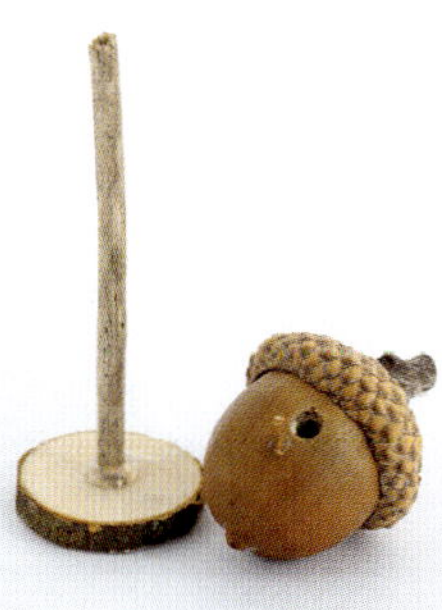

5

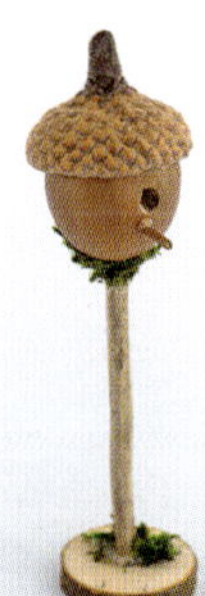

Schneckenhaus-Lampe

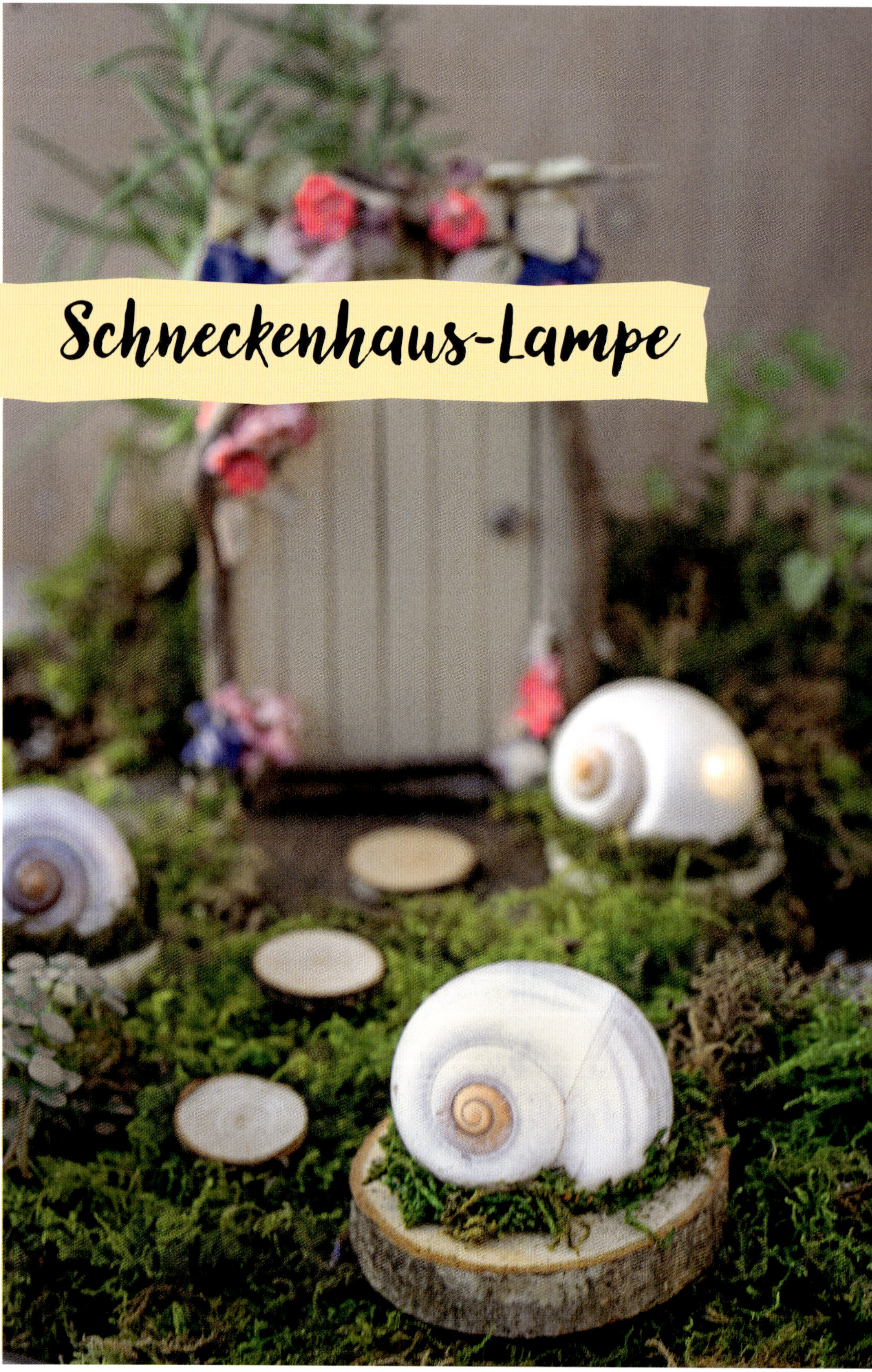

WIE ES GEHT

1

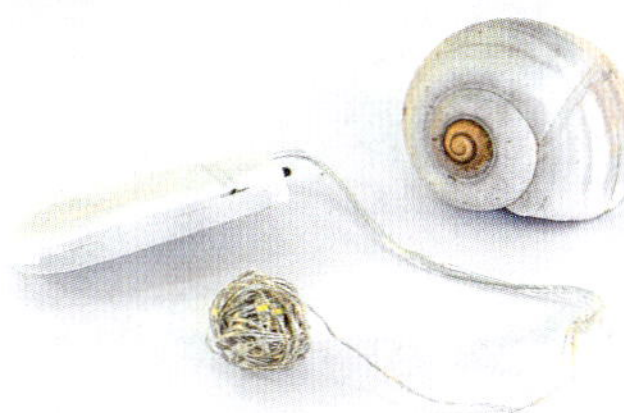

2

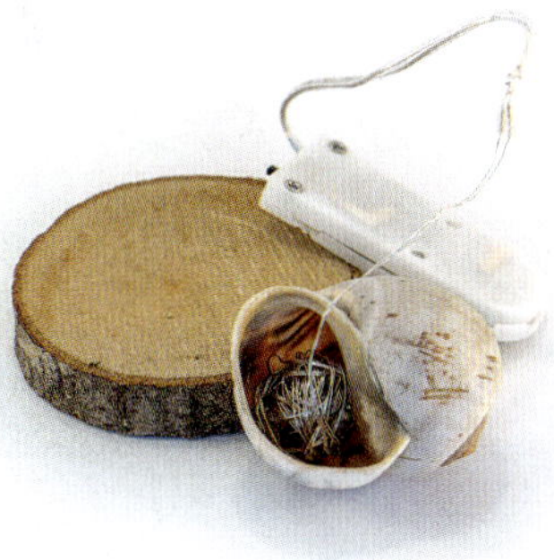

3

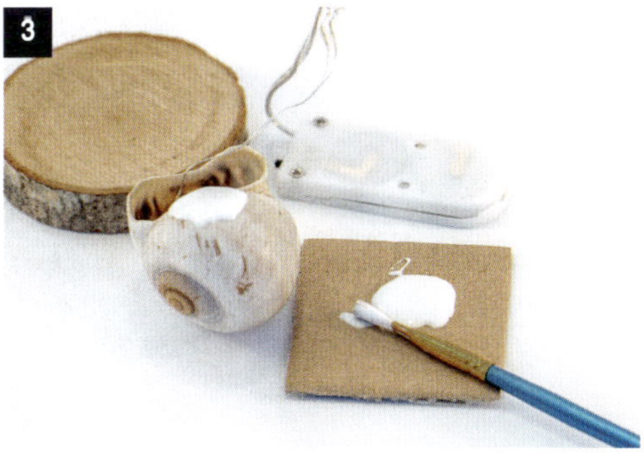

4

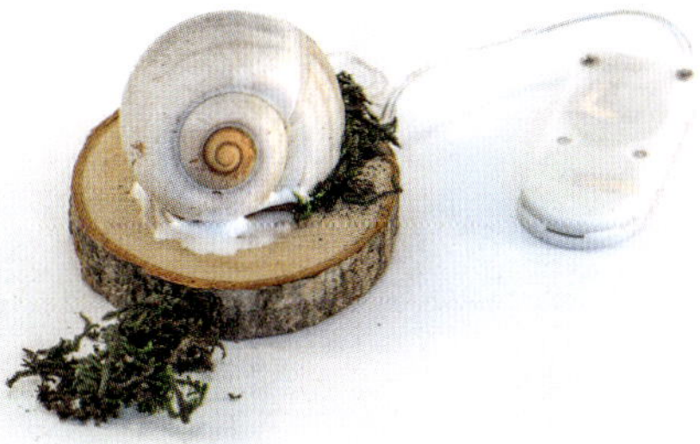

MATERIALIEN

1 Schneckenhaus; 1 Holzscheibe (etwas breiter als das Schneckenhaus); Lichterdraht, Plattenmoos

1. Der Lichterdraht wird zu einer Kugel geformt, wobei einige Zentimeter des Strangs übrig gelassen werden.

2. Nun die Drahtkugel in der Öffnung des Schneckenhauses platzieren.

3. Mit Heißkleber oder Leim das Schneckenhaus mit der Drahtkugel an der Holzscheibe verkleben, wobei das übrig gebliebene Drahtstück nach hinten gedreht sein soll.

4. Klebereste und Löcher werden mit etwas angeklebtem Moos verdeckt. Der Lichtschalter und der Draht können unter einem Stück Lappenmoos versteckt werden.

Feen sind kleine Lichtwesen,
die in Wäldern zwischen Blumen leben.
Sie werden diese Naturlampe lieben.

Wegweiser

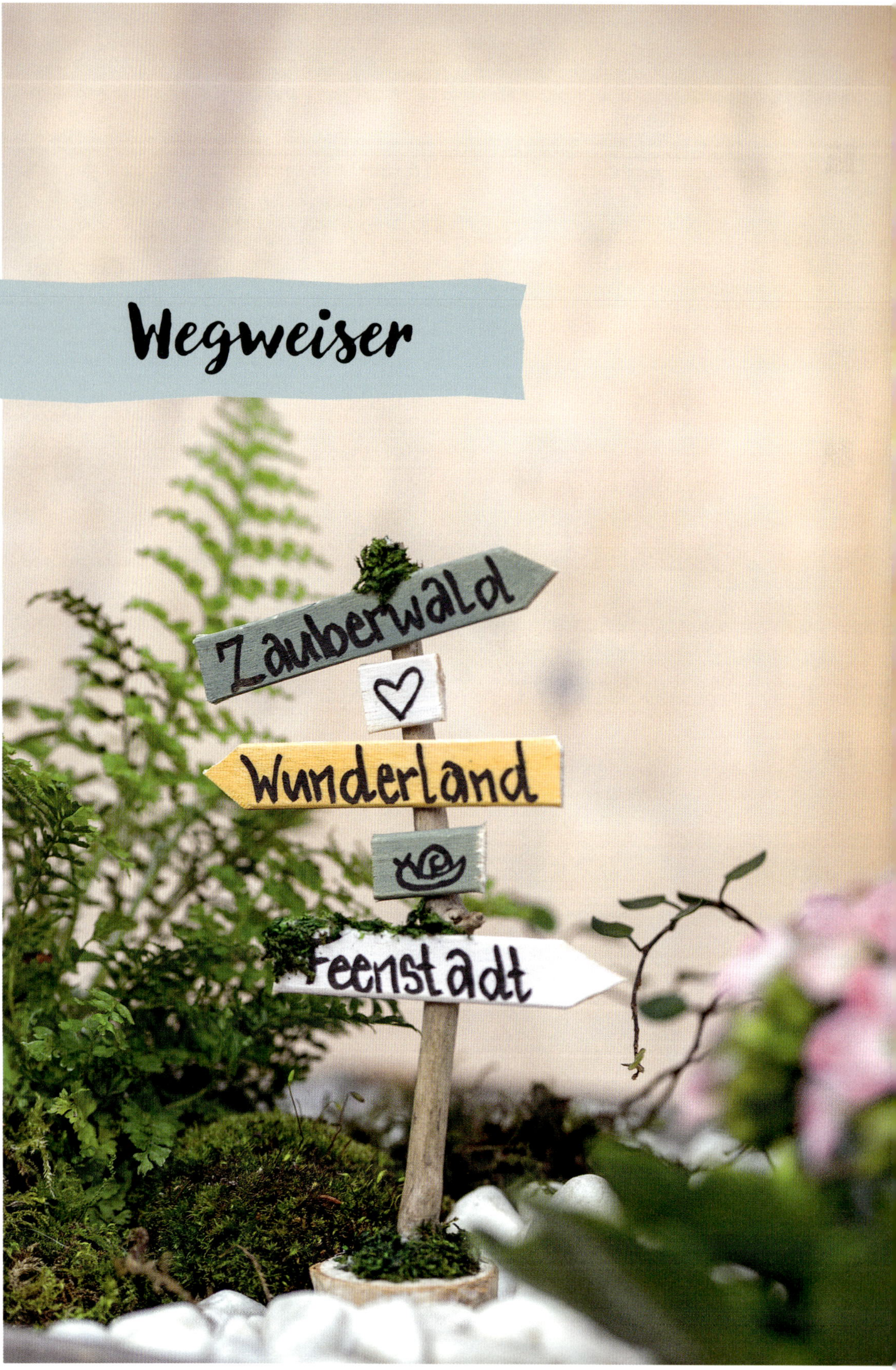

WIE ES GEHT

1

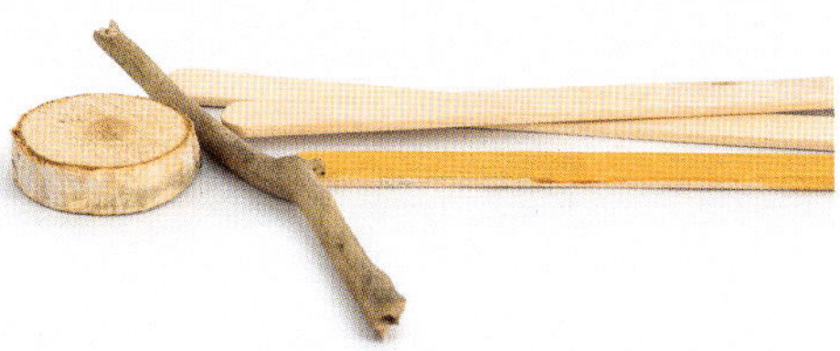

2

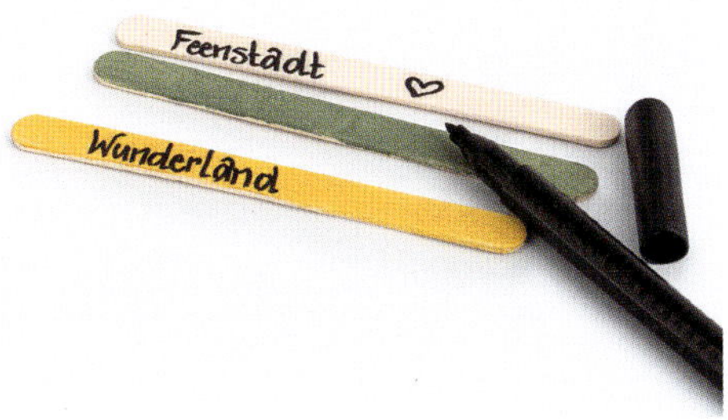

3

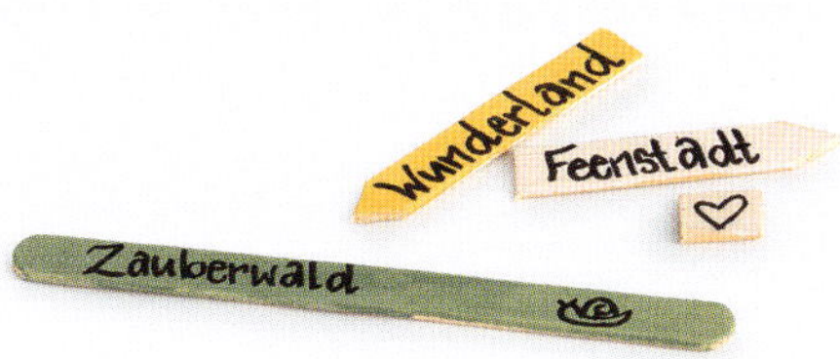

MATERIALIEN

3 schmale Bastelhölzer; wasserfeste Filzstifte; 1 schmaler Stock, 10 cm; 1 kleine Holzscheibe; Acrylfarbe nach Wahl; Plattenmoos

1. Als Erstes werden die drei Bastelhölzer mit Acrylfarbe versehen.

2. Wenn die Farbe gut getrocknet ist, können die Wegweiser beschriftet werden. Am besten schreibt man erst mit einem Bleistift vor und arbeitet anschließend mit dem Filzstift nach.

3. Die Bastelhölzer werden nun mit einer Schere zugeschnitten, sodass Pfeile entstehen. Dafür sollte man zunächst Hilfslinien einzeichnen, um an ihnen entlang zu schneiden. Hierbei ist zu beachten, dass die Pfeile in verschiedene Richtungen zeigen sollen. Bei Bedarf können die Hölzer zum Schluss mit Schleifpapier bearbeitet werden.

4. Die Pfeile und Zeichen in verschiedene Richtungen an den Stock kleben. Der Stock wird nun am besten mit Heißkleber in die Mitte der Holzscheibe befestigt.

5. Zum Schluss werden Klebereste mit Moos versteckt und die Pfeile können auch gerne mit Moos dekoriert werden, um dem Ganzen einen natürlichen Look zu verleihen.

4

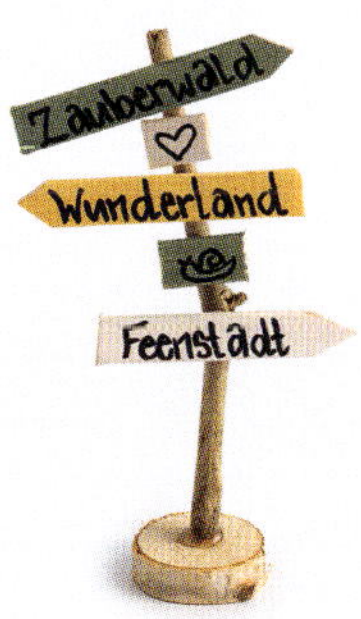

5

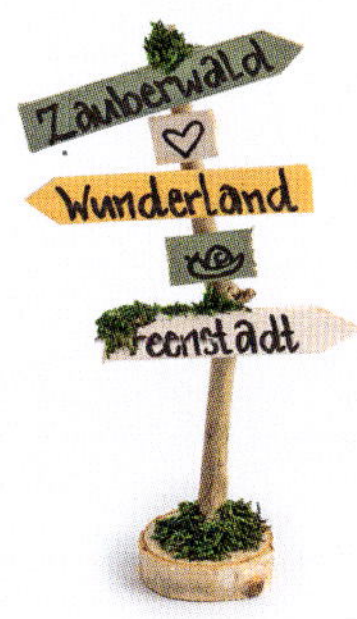

Feenhäuschen
AUS EIERKARTON

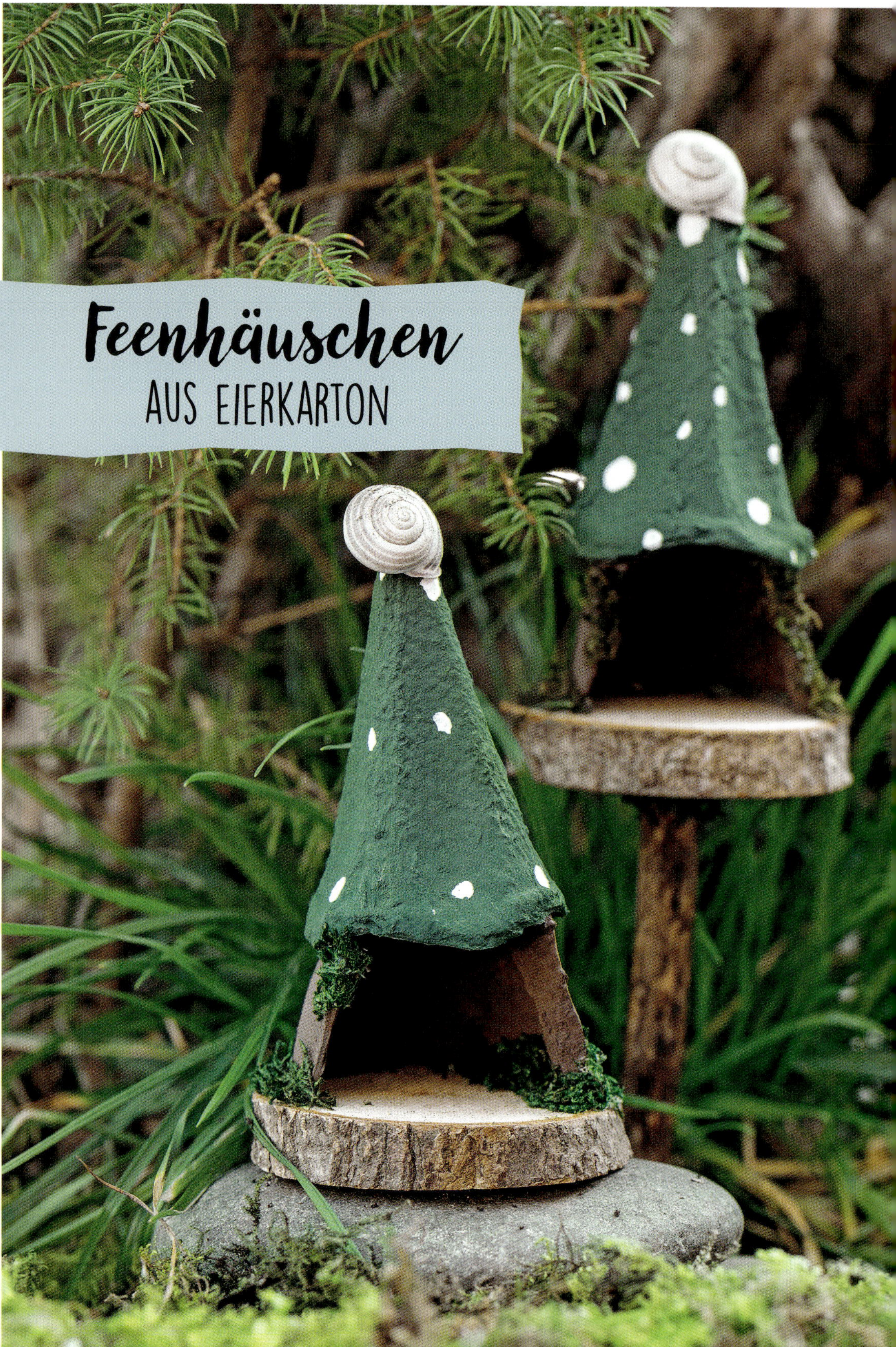

WIE ES GEHT

1

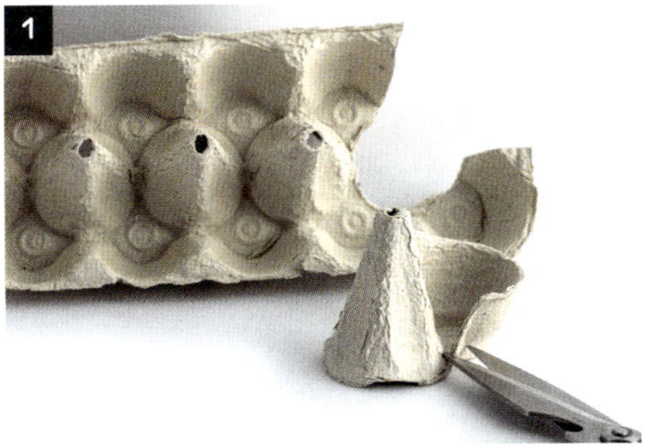

MATERIALIEN

1 Eierkarton; 1 Holzscheibe, ca. 7x7 cm; Acrylfarbe in Braun, Grün und Weiß; Plattenmoos; 1 kleines, leeres Schneckenhaus

1. Für das Häuschen wird eine Mulde eines Eierkartons benötigt und für das Dach eine der Spitzen. Diese werden mit einer Schere herausgeschnitten.

2. Nun können die beiden Teile mit Acrylfarbe versehen werden, das Unterteil (Mulde) in Braun und das Dach (Spitze) in Grün. (Man kann natürlich auch andere Farben verwenden). Wenn die Farbe komplett trocken ist, können kleine weiße Punkte auf das Dach gemalt werden (optional).

3. Jetzt das Unterteil (Mulde) umdrehen, sodass es mit den breiteren Seiten nach unten steht. Anschließend wird das Dach mit der Spitze nach oben auf das Unterteil geklebt.

4. Den Rand des Unterteils mit Kleber versehen und auf der Holzscheibe anbringen.

5. Die Dachspitze kann mit einem kleinen, leeren Schneckenhaus verziert werden.

Zum Schluss werden kleine Löcher und Klebereste mit Moos versteckt.

2

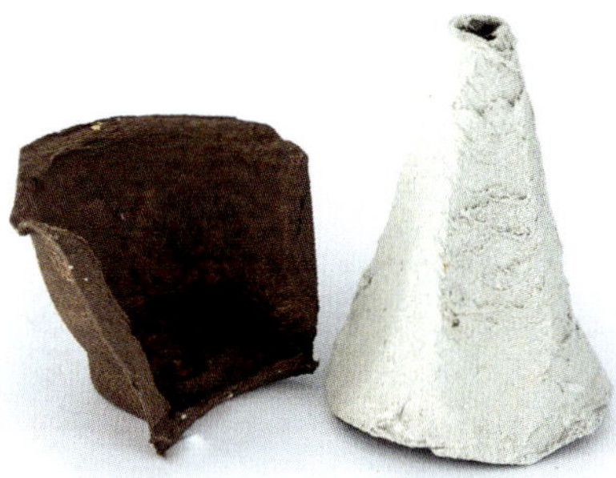

3

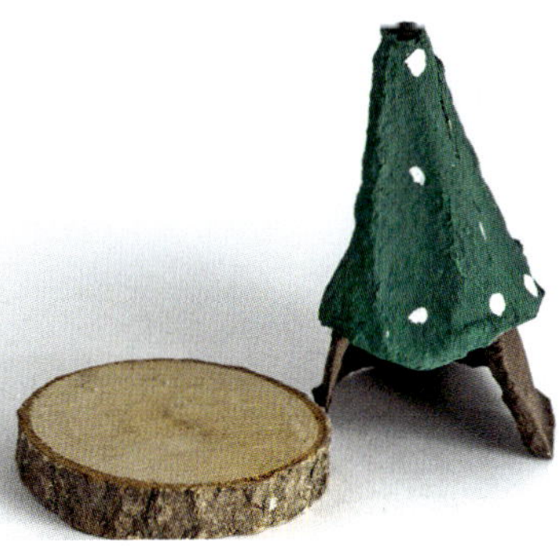

4

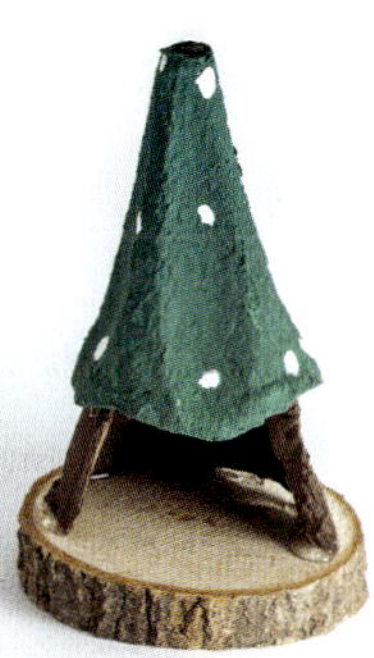

5

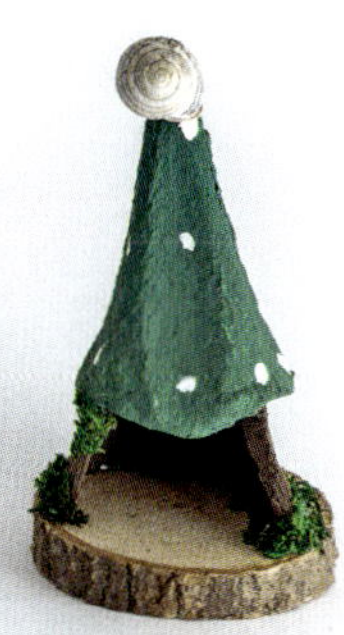

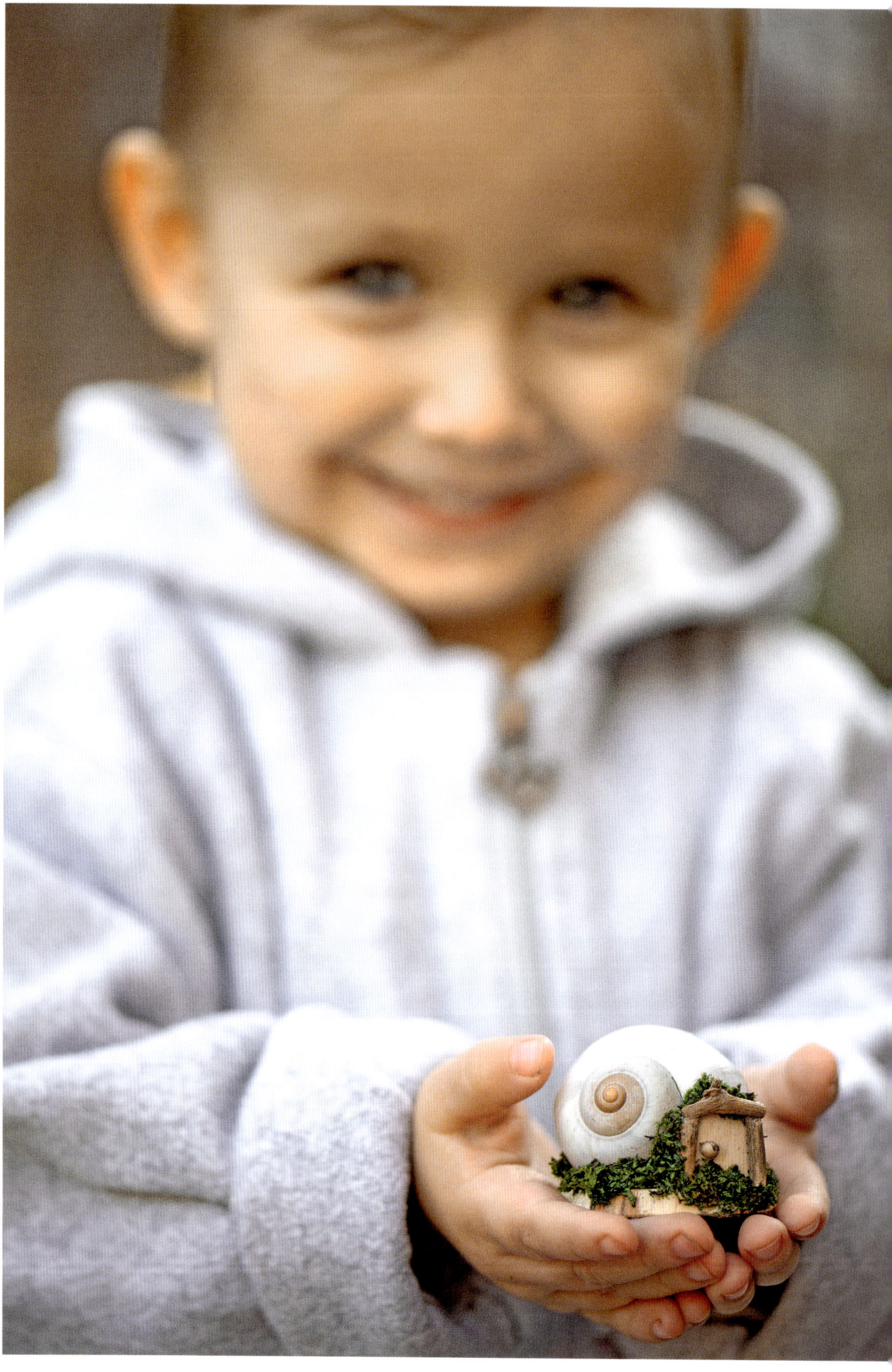

Schneckenhaus-Tür

MATERIALIEN

- 1 leeres Schneckenhaus
- 1 Holzscheibe (sollte etwas breiter als das Schneckenhaus sein)
- 1 breites Bastelholz
- dünne Äste
- 1 Pfefferkorn
- Plattenmoos
- 1 Pinzette

WIE ES GEHT

1

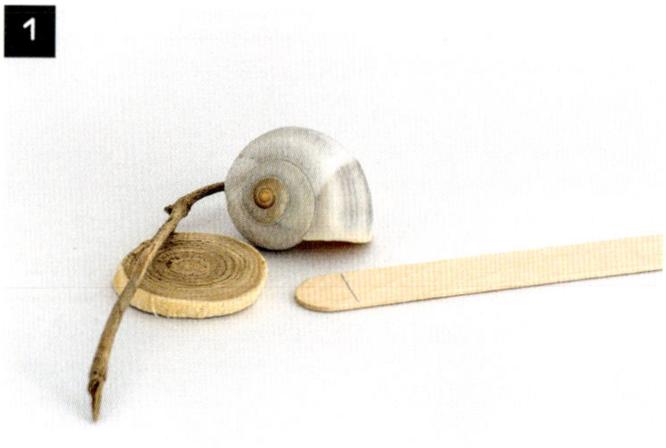

1. Von dem Bastelholz wird mit einer Schere eine Spitze von 1,5 cm abgeschnitten. Am besten mit einem Bleistift vorzeichnen, damit der Schnitt gerade wird.

2

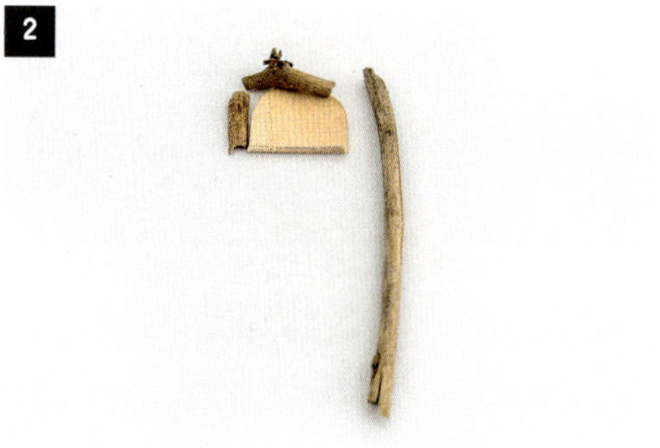

2. Nun werden die Äste gekürzt, um sie als Türzargen um die Tür zu legen. Dünne Äste lassen sich mit einer Gartenschere kürzen.

3

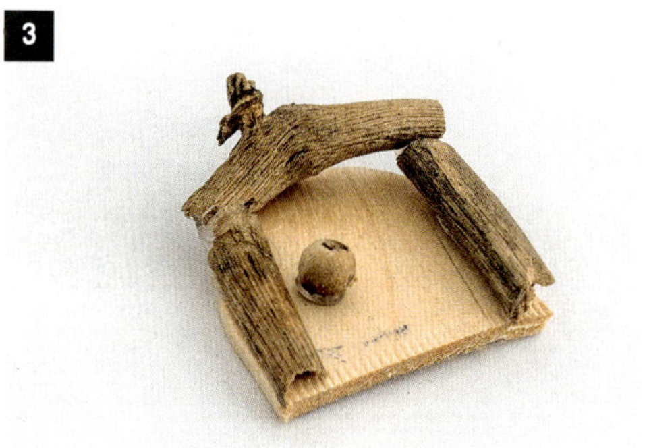

3. Die gekürzten Äste werden nun direkt auf die Spitze des Bastelholzes geklebt. Als Hilfsmittel bietet sich eine Pinzette an, da es schwierig sein kann, die kleinen Äste mit den Fingern festzuhalten. Anschließend das Pfefferkorn als Türknauf anbringen.

4

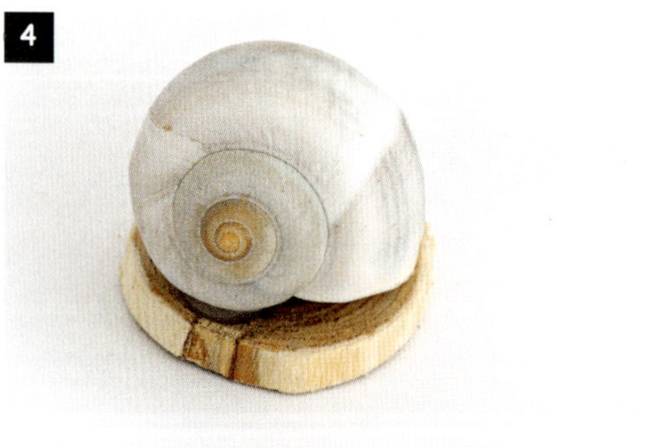

4. Das Schneckenhaus wird mit der Öffnung nach unten in der Mitte der Holzscheibe angebracht. Schneckenhäuser haben eine sehr dünne Schale und werden daher schnell heiß. Wer also mit Heißkleber arbeitet, sollte vorsichtig sein, um sich nicht die Finger zu verbrennen.

5

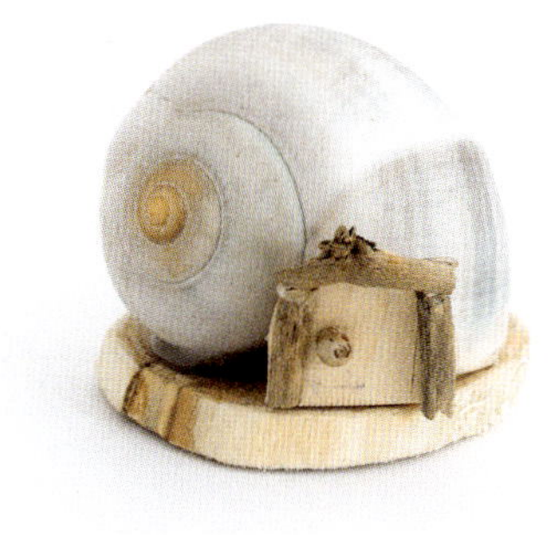

5. Nun wird die Tür an der gewünschten Stelle des Schneckenhauses angeklebt.

6

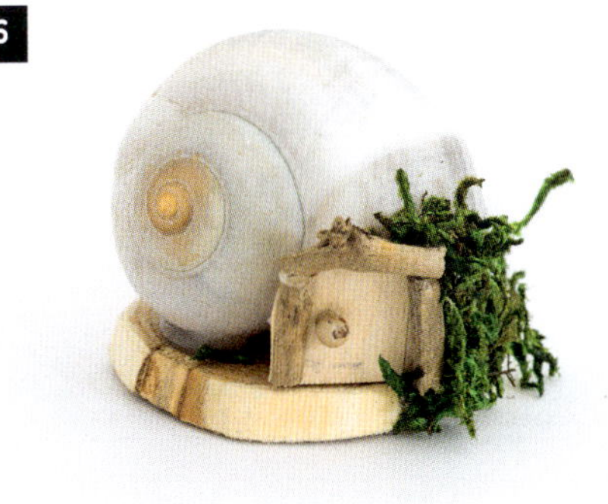

6. Da das Schneckenhaus rund ist, bleiben zwischen ihm und der Tür einige Lücken. Diese einfach mit Moos überdecken. Auch kleine Lücken und Klebereste zwischen der Holzscheibe und dem Schneckenhaus lassen sich mit Moos verstecken.

7

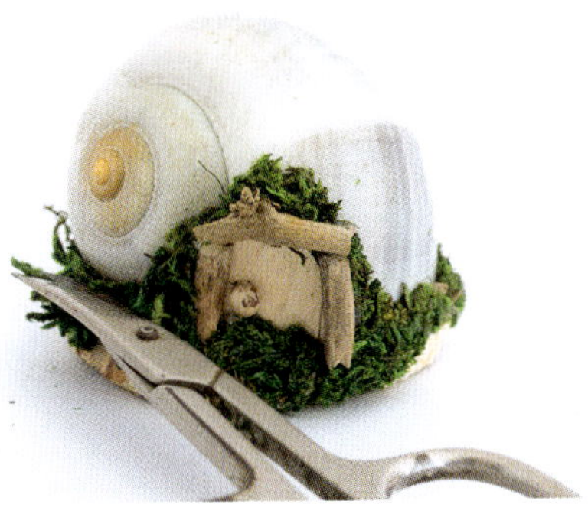

7. Mit einer kleinen Schere das Moos, das zu sehr absteht, einfach kürzen.

Feengarten mit Blumenbogen

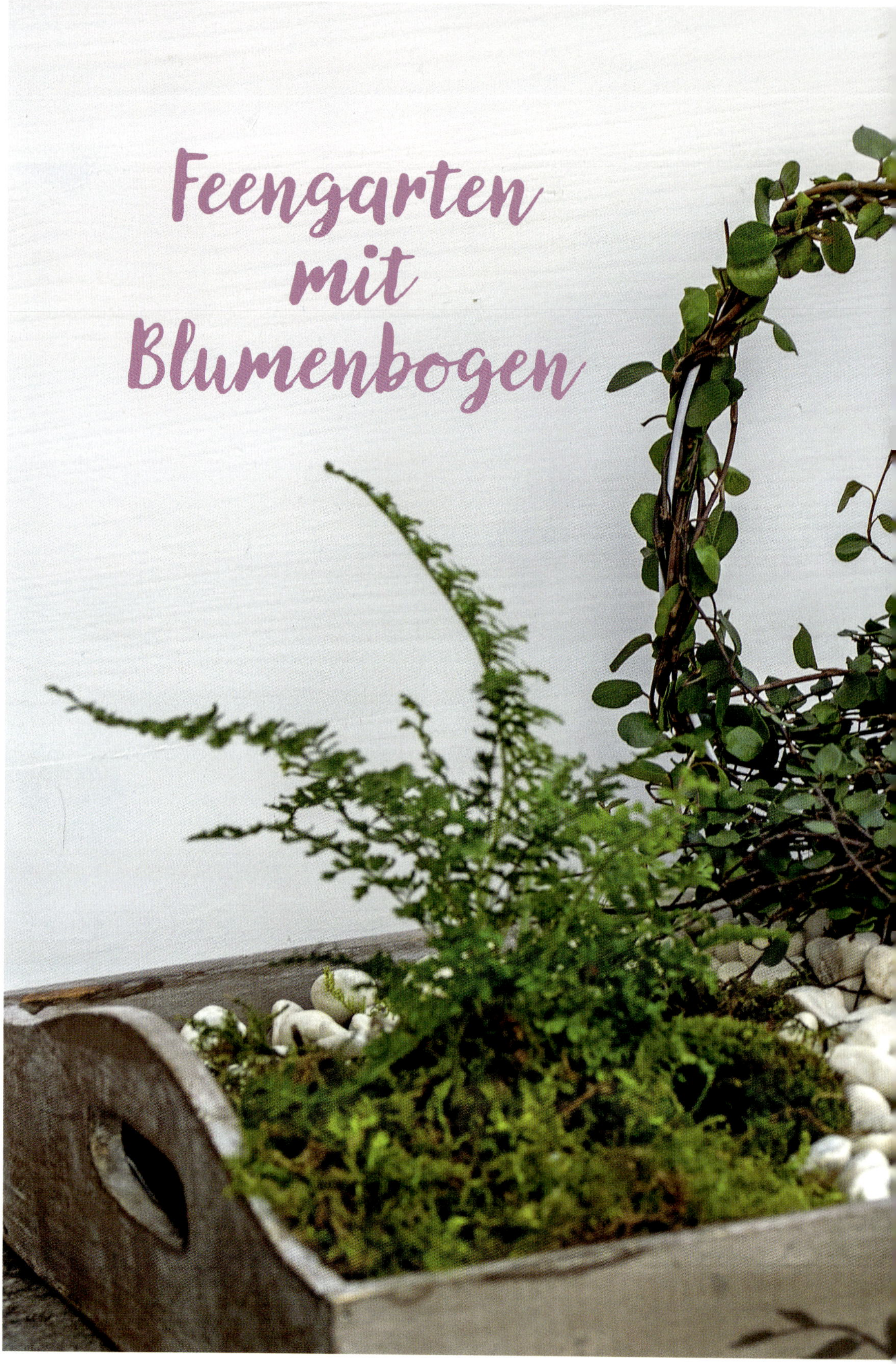

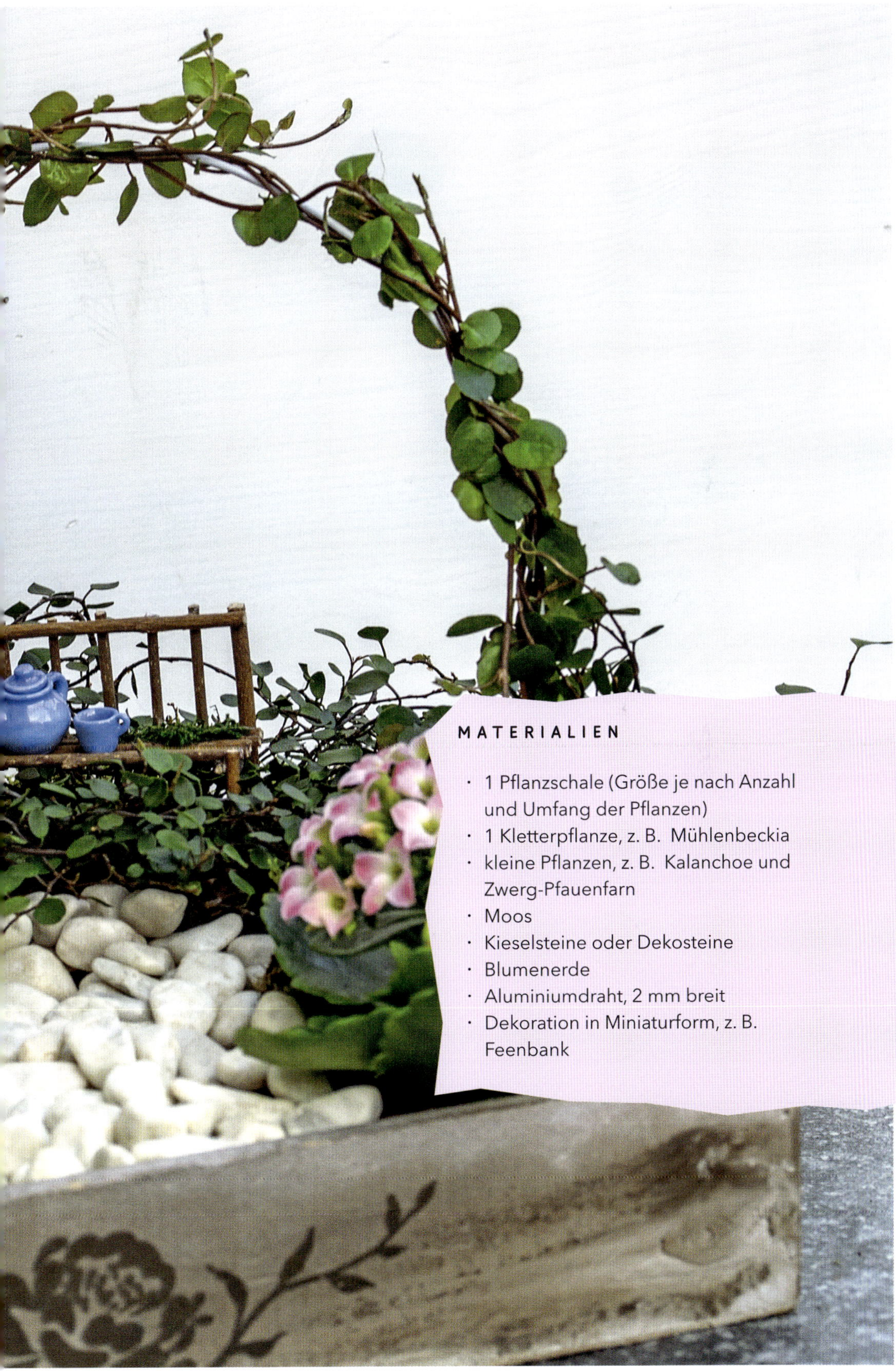

MATERIALIEN

- 1 Pflanzschale (Größe je nach Anzahl und Umfang der Pflanzen)
- 1 Kletterpflanze, z. B. Mühlenbeckia
- kleine Pflanzen, z. B. Kalanchoe und Zwerg-Pfauenfarn
- Moos
- Kieselsteine oder Dekosteine
- Blumenerde
- Aluminiumdraht, 2 mm breit
- Dekoration in Miniaturform, z. B. Feenbank

1

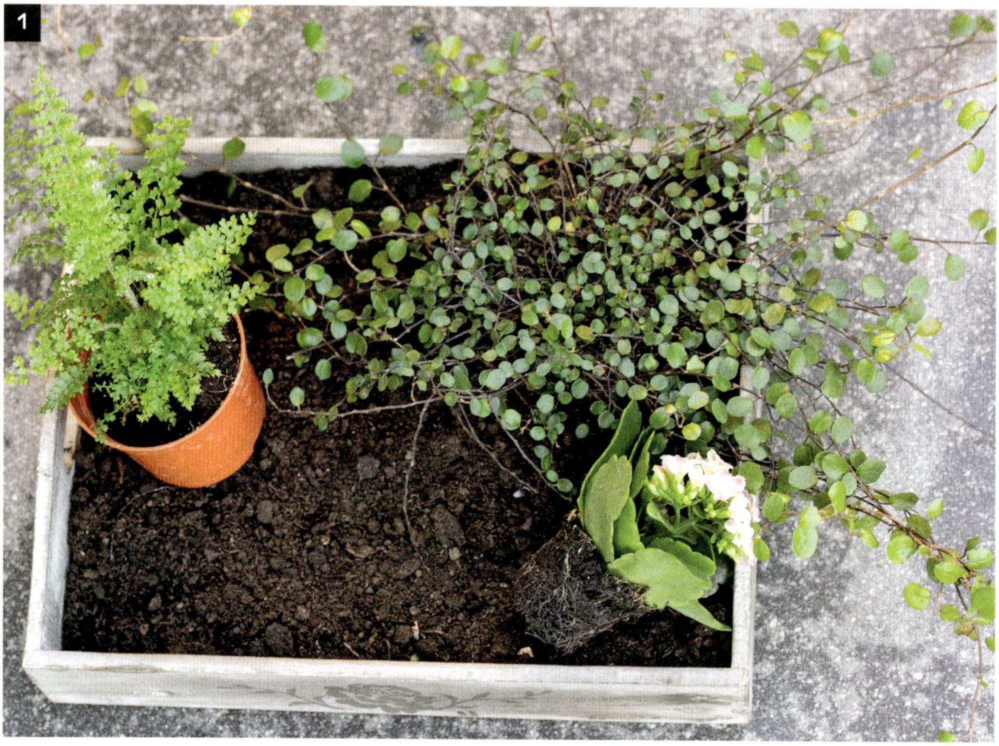

1. Die Pflanzschale mit Erde befüllen und die Pflanzen an den gewünschten Stellen einsetzen. Dabei sollten die Pflanzen nicht zu nah aneinander platziert werden.

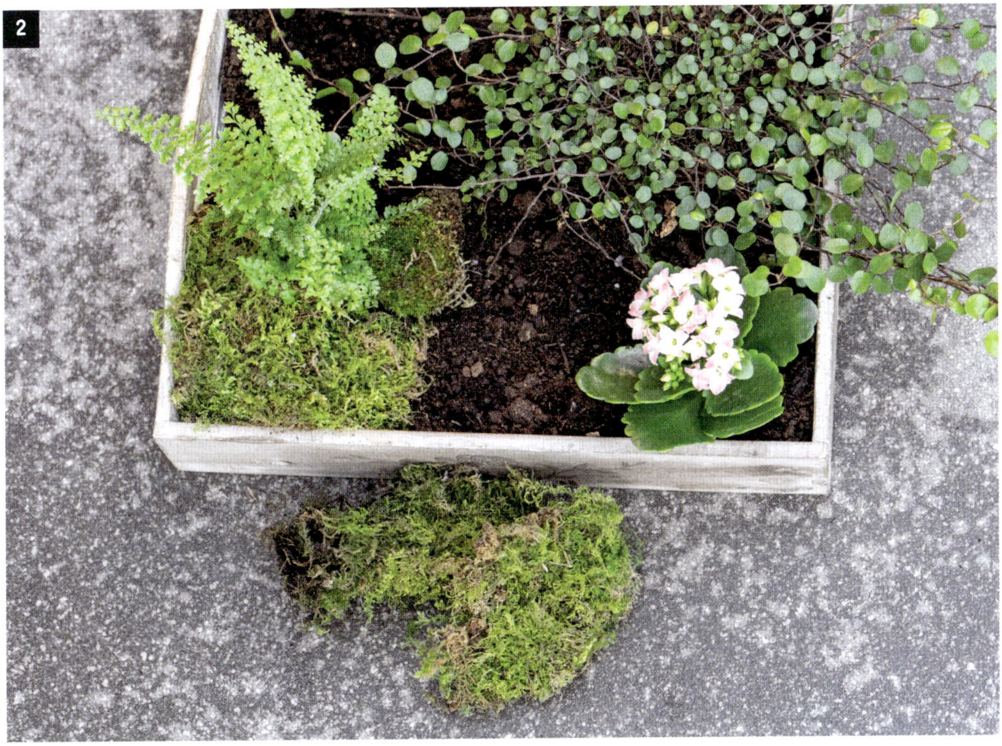

2. Nun das Moos teilen, um die Pflanzen herum legen und mit den Fingern etwas festdrücken.

3

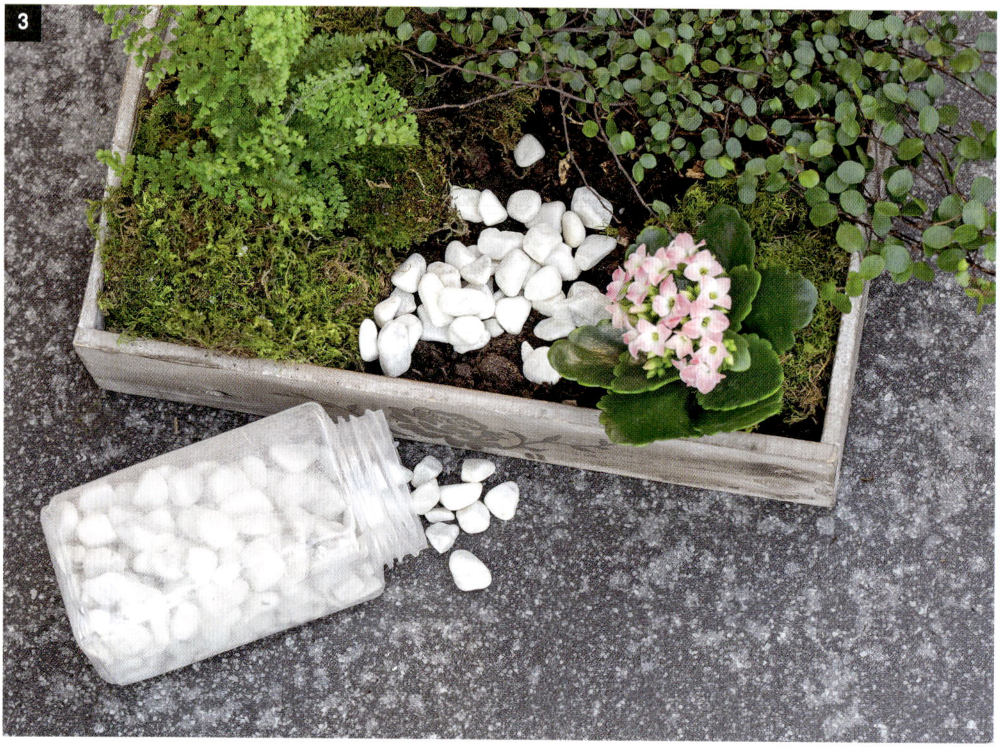

3. Die Steine werden direkt auf die Erde gestreut, wobei gerne kleine Wege geformt werden können.

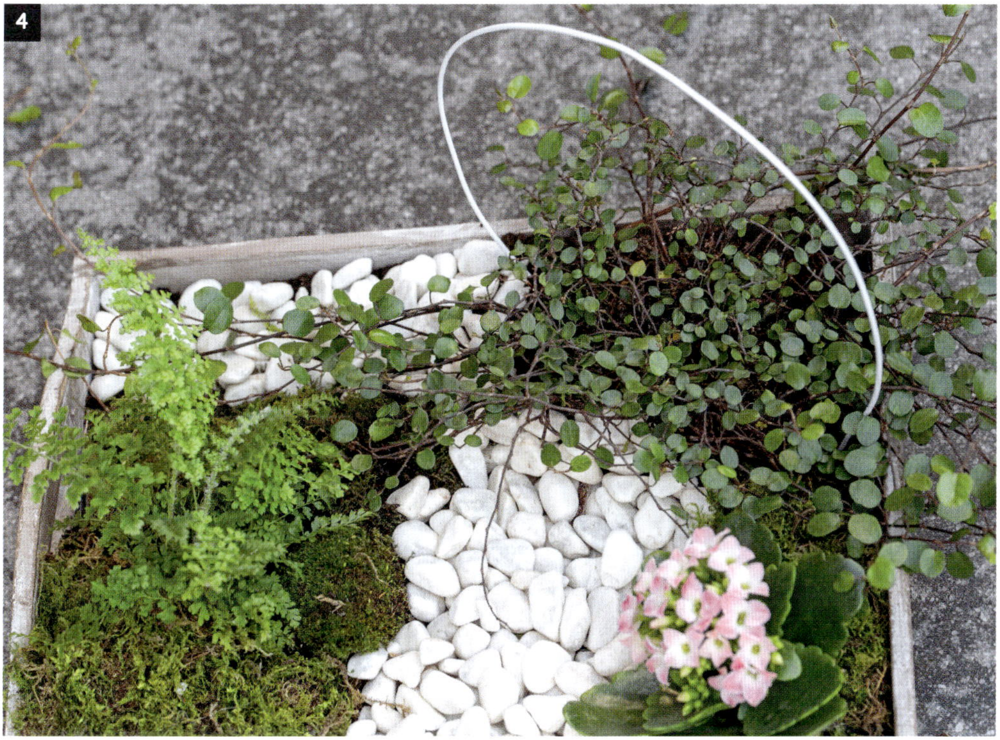

4. Der Draht wird mit einem Seitenschneider auf ca. 40 cm gekürzt und zu einem Bogen geformt. Anschließend die beiden Enden des Drahtbogens links und rechts um die Kletterpflanze herum in die Erde stecken.

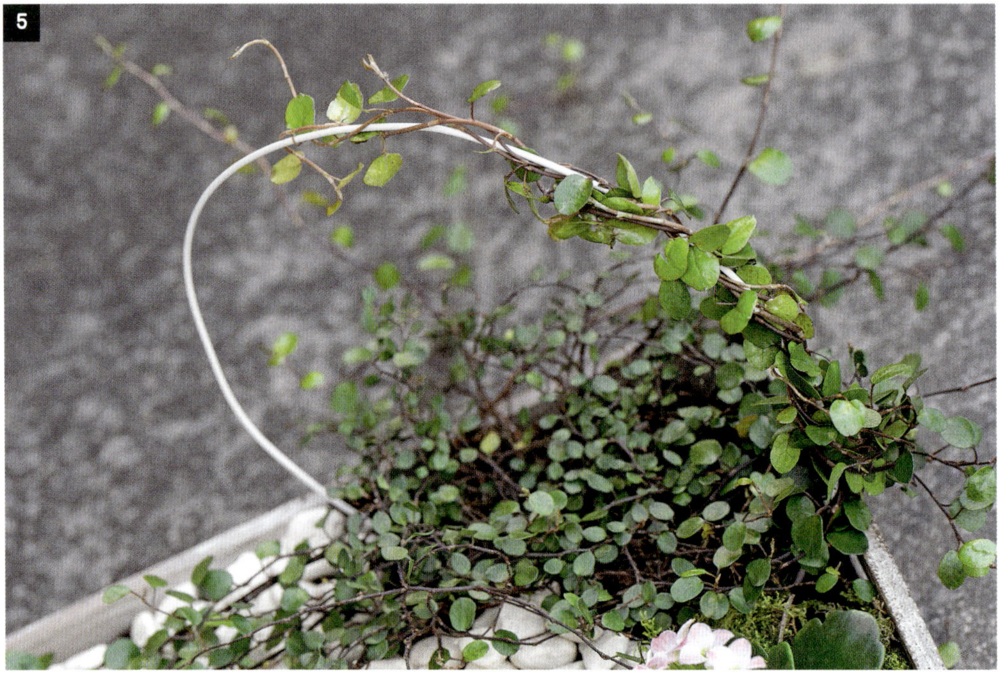

5. Wenn der Bogen steht, werden die Ranken der Kletterpflanze einzeln von unten nach oben um den Drahtbogen gewickelt. Dabei beachten, in welche Richtung die verschiedenen Ranken wachsen. Neigt eine Ranke z. B. stark nach links, sollte diese möglichst an der linken Seite des Drahtbogen umwickelt werden.

6. Zu guter Letzt werden Dekoelemente in Miniaturform, z. B. eine Bank oder Hängematte, unter den Bogen in der Mitte der Kletterpflanze platziert.

6

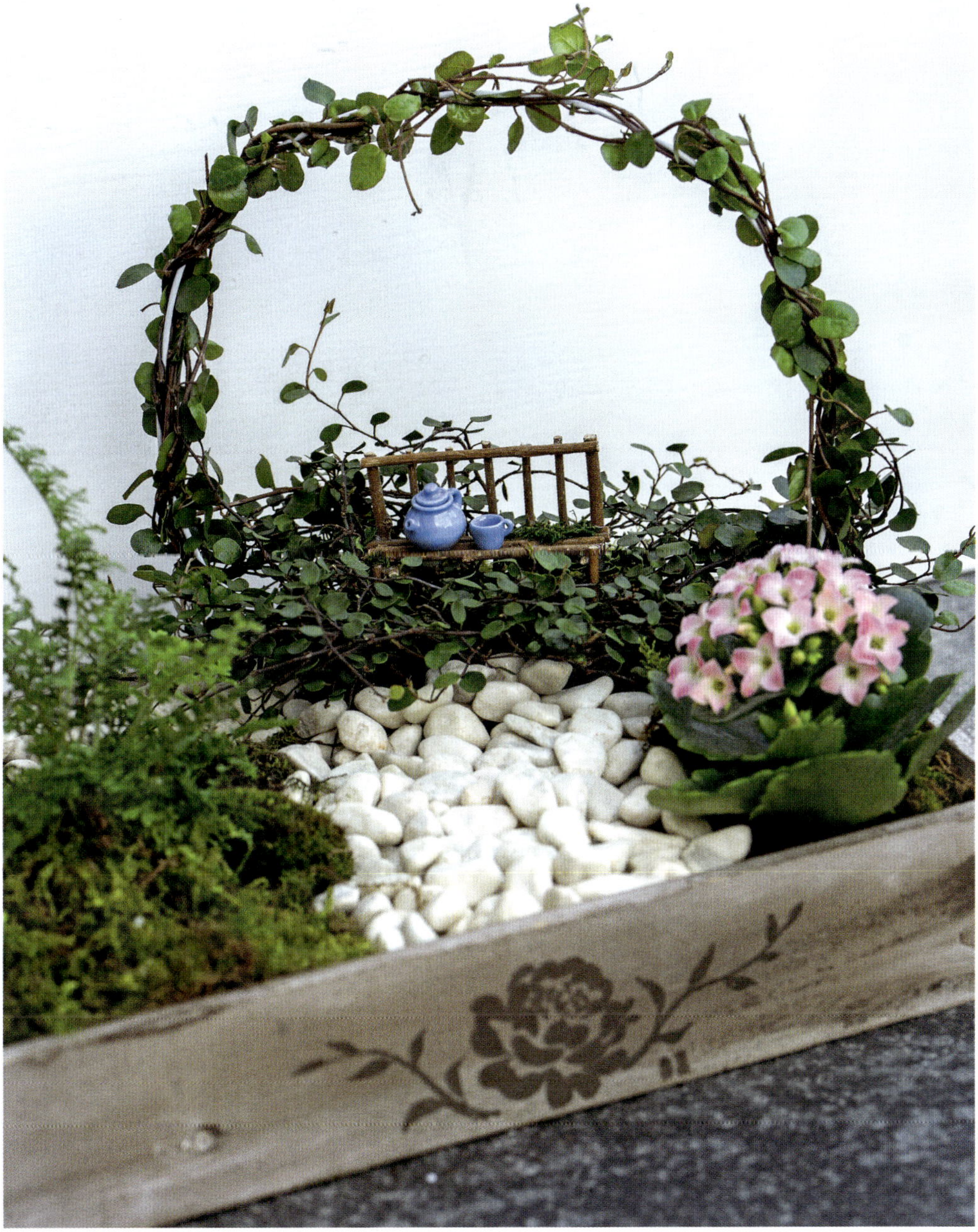

Vogeltränke

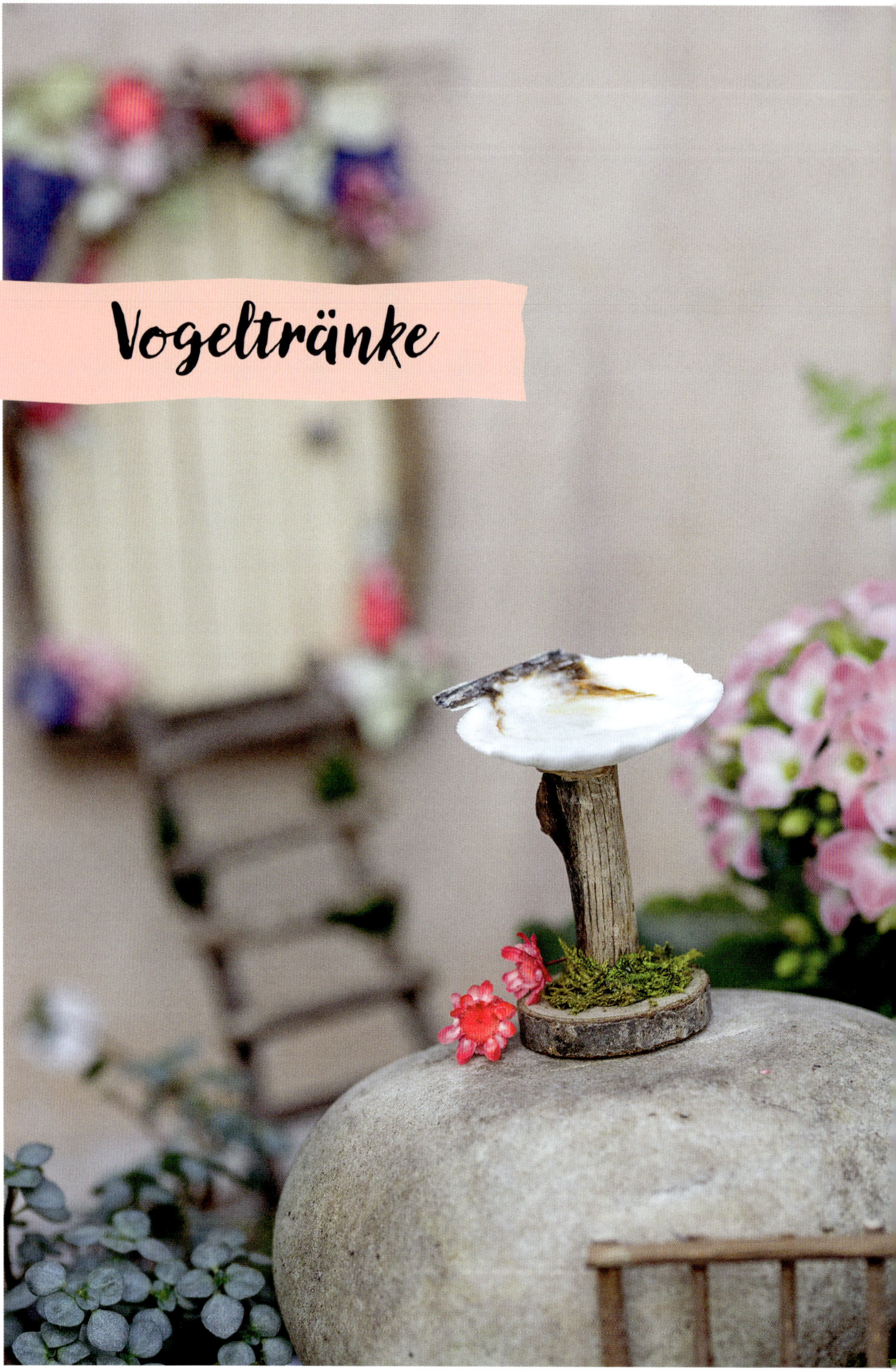

WIE ES GEHT

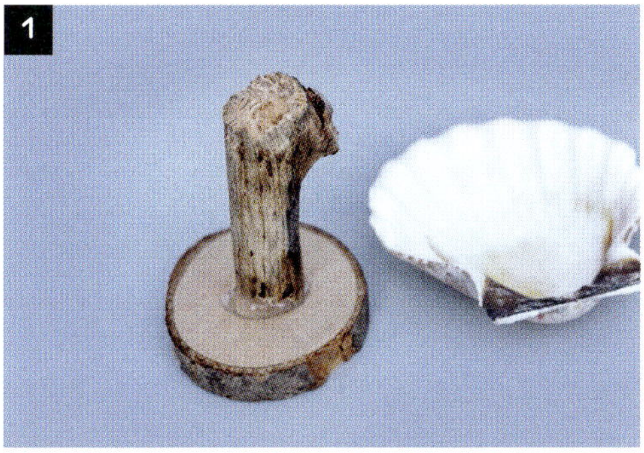

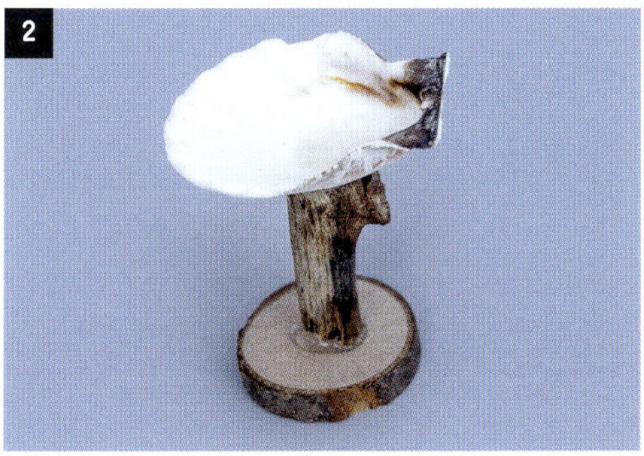

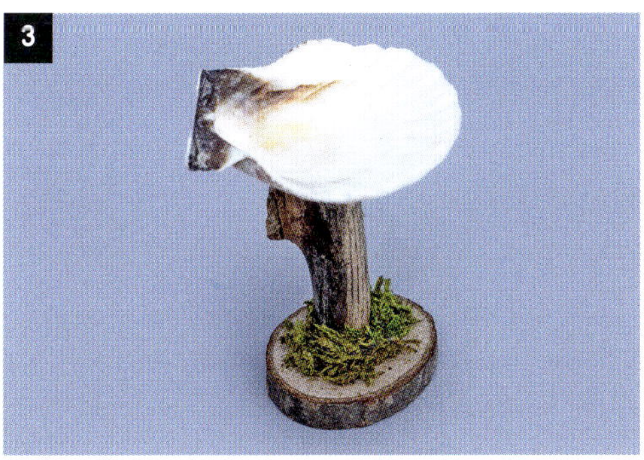

MATERIALIEN

1 kleine Holzscheibe; 1 Stock, 2 cm;
1 halbe Muschelschale; Plattenmoos

1. Als Erstes wird der Stock in der Mitte der Holzscheibe angeklebt. Darauf achten, dass der Stock gerade nach oben zeigt.

2. Dann die halbe Muschelschale so am Stock anbringen, dass die Innenseite nach oben zeigt.

3. Falls am Ende einige Klebereste zu sehen sind, kann man sie kaschieren, indem man an den entsprechenden Stellen etwas Moos anbringt.

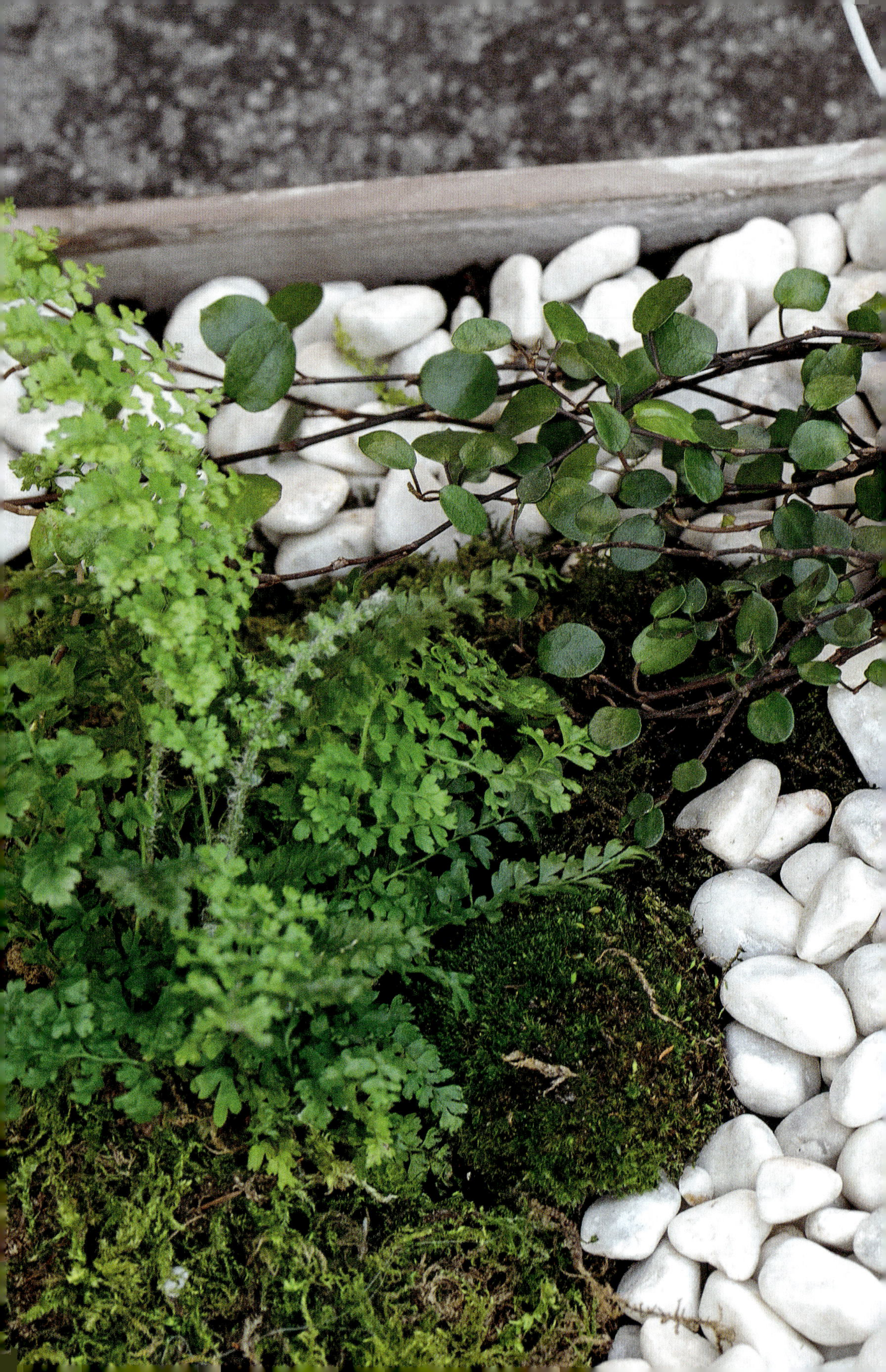

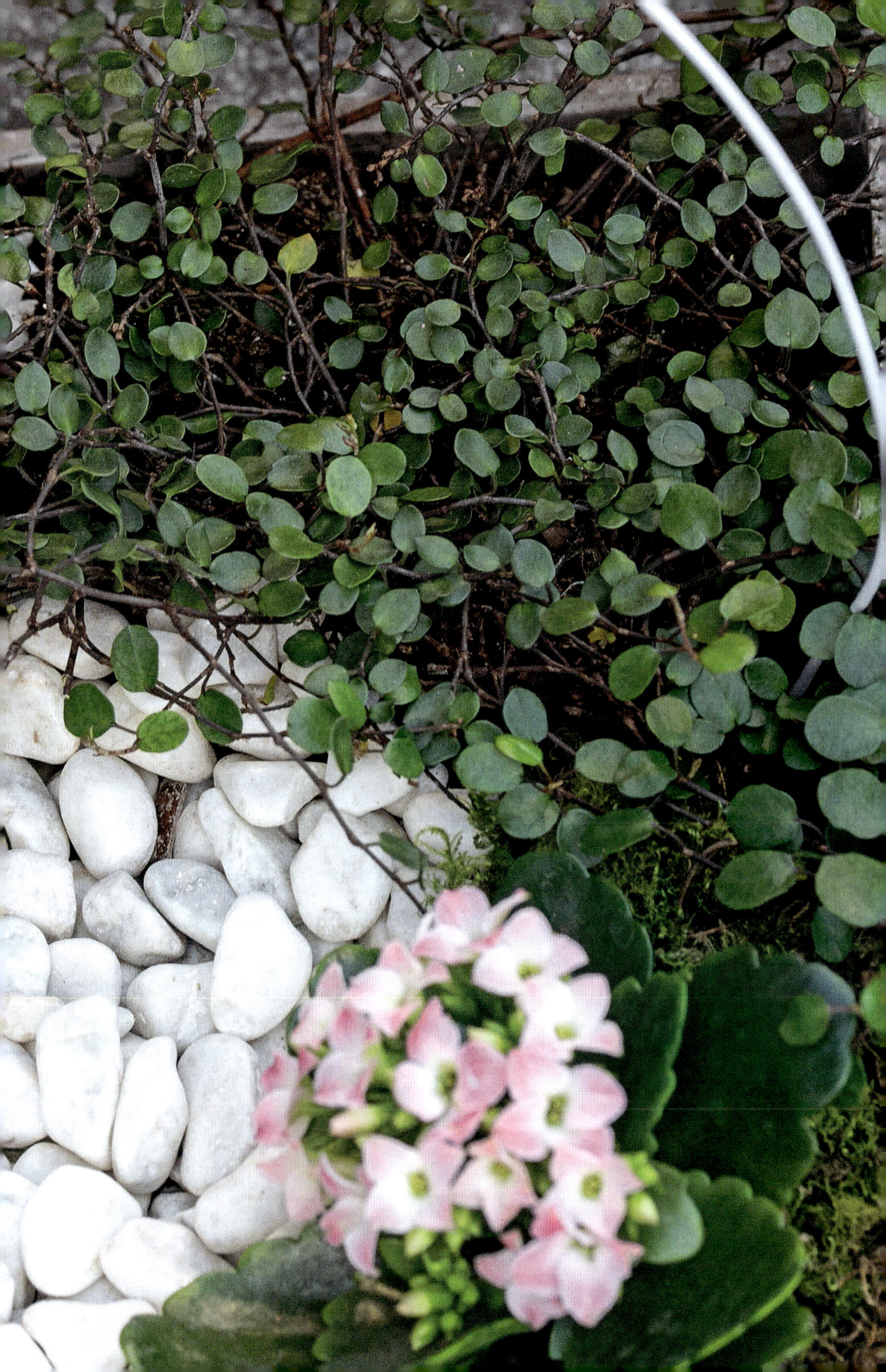

Die Autorin

Elin Fahlgren Arif, geboren 1987 in Stockholm in Schweden, liebt es, zu basteln und aus einfachen Materialien etwas ganz Besonderes zu zaubern.

Mit 20 Jahren ist sie nach Deutschland ausgewandert, um als Au-pair zu arbeiten. Schon nach kurzer Zeit hat sie hier ihre große Liebe gefunden und geheiratet. Nun wohnt sie mit ihren zwei Kindern und ihrem Ehemann glücklich in Nordrhein-Westfalen.

Elin liebt die Natur und verbringt viel Zeit mit ihren Kindern im Wald oder in ihrem Garten. Als gelernte Floristin und dank jahrelanger Erfahrung als Dekorateurin kann sie mit ihrer Marke „Türzauber" ihr geliebtes Hobby voll und ganz ausleben.

Auf Instagram stellt sie ihre Kreationen unter dem Namen @tuerzauber vor, um den Menschen auch im Alltag einen Funken Magie und Inspiration zu schenken.

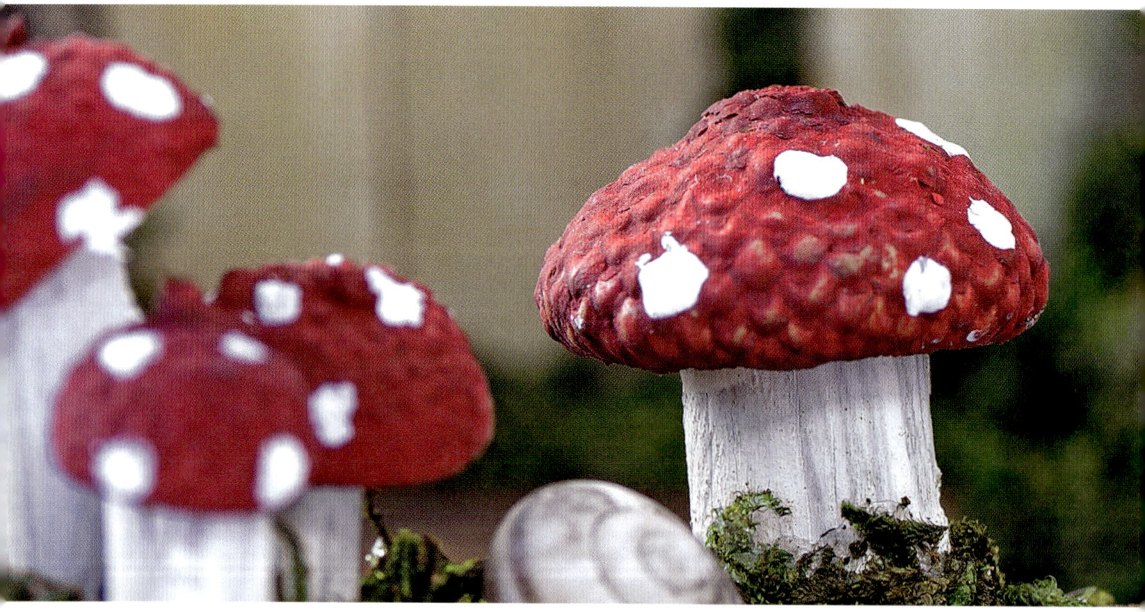

Danksagung

Ein besonders großer Dank geht an meine Kinder, ohne die ich bestimmt gar nicht erst angefangen hätte, Feentüren zu basteln. Danke, dass ich zusammen mit euch wieder in diese magische Welt eintauchen darf.

Auch möchte ich meinem Mann für seine Geduld und seine technische Unterstützung danken, immer dann, wenn ich mal nicht weiterwusste.

Vielen Dank auch an meine liebe Freundin Sarah und an meine tolle Schwägerin Anila für ihre Hilfe beim Formulieren der Texte.

Zudem danke ich René Rüping von fotografie-rr.de für die wunderschönen Bilder.

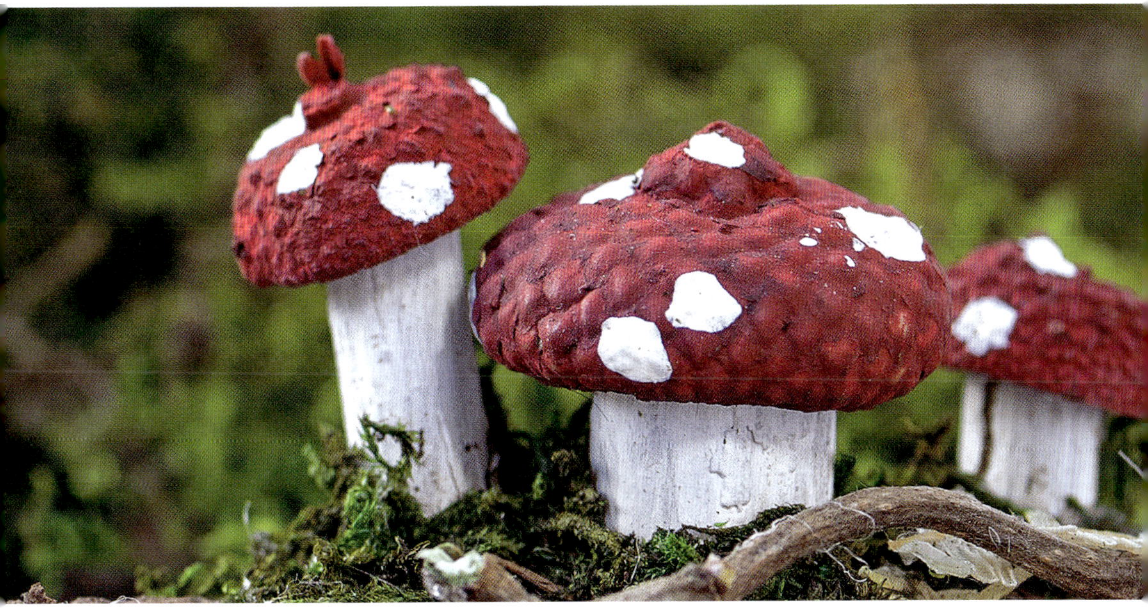

Impressum

Fotos & Styling: René Rüping, www.fotografie-rr.de
Abb. Seiten 2/3, 94/95: Shutterstock, Piotr Krzeslak
Projektmanagement: Maria Möllenkamp
Lektorat: Sigrun Borstelmann
Korrektorat: Christiane Gsänger
Umschlaggestaltung: Kaj Ritter
Satz: Sabine Vonderstein
Repro: LUDWIG:media
Herstellung: Julia Hegele
Printed in Poland by CGS Printing

★★★★★

Sind Sie mit diesem Titel zufrieden? Dann würden wir uns über Ihre Weiterempfehlung freuen. Erzählen Sie es im Freundeskreis, berichten Sie Ihrem Buchhändler/Ihrer Buchhändlerin oder bewerten Sie beim Onlinekauf. Und wenn Sie Kritik, Korrekturen oder Aktualisierungen haben, freuen wir uns über Ihre Nachricht an
Christophorus Verlag, Postfach 40 02 09, D-80702 München oder per E-Mail an lektorat@verlagshaus.de.

Unser komplettes Programm finden Sie unter

www.christophorus-verlag.de

In diesem Buch wird aus Gründen der besseren Lesbarkeit das generische Maskulinum verwendet. Weibliche und anderweitige Geschlechteridentitäten werden dabei ausdrücklich mitgemeint, soweit es für die Aussage erforderlich ist.

Herstellerverzeichnis
Rayher Hobby GmbH, www.rayher.com/

Die Deutsche Nationalbibliothek verzeichnet diese Publikation in der Deutschen Nationalbibliografie; detaillierte bibliografische Daten sind im Internet über http://dnb.d-nb.de abrufbar.

Infanteriestraße 11a
D 80797 München

ISBN 978-3-8388-3888-5

Kreativ-Service

Sie haben Fragen zu unseren Büchern und Materialien? Wir beraten Sie gern rund um alle Kreativthemen.
Rufen Sie uns einfach an. Wir interessieren uns auch für Ihre eigenen Ideen und Anregungen.
Sie erreichen uns per E-Mail kreativ-service@c-verlag.de oder unter der Telefonnummer 0049-89-1306 99 577.

Besuchen Sie uns im Internet: **www.christophorus-verlag.de** & **www.selbstgemacht.de**

Ebenfalls erhältlich ...

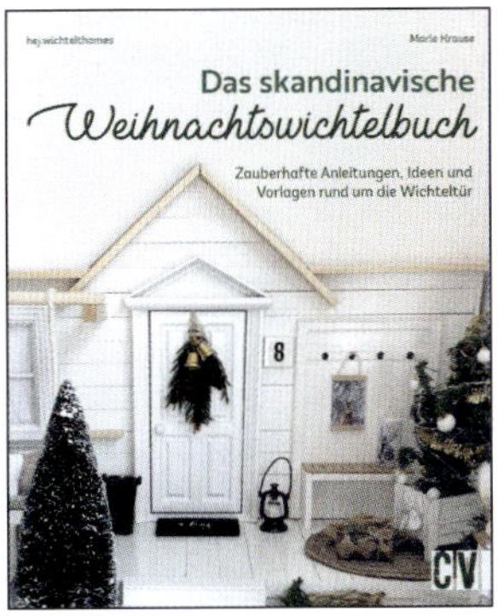

ISBN 978-3-8388-3844-1

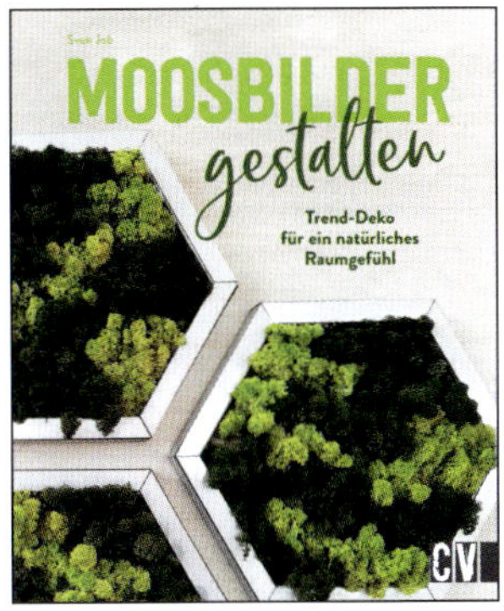

ISBN 978-3-8388-3827-4

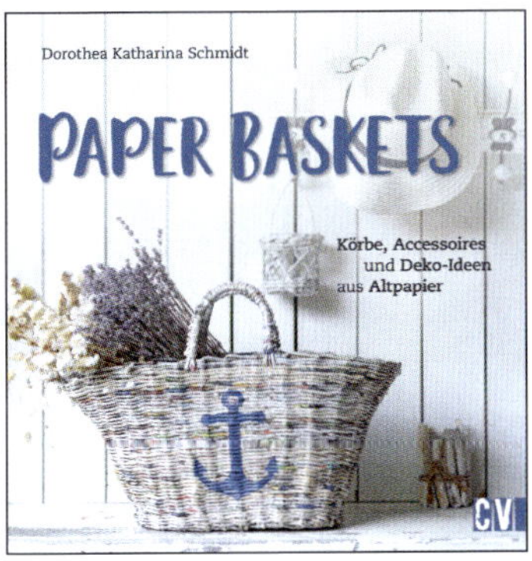

ISBN 978-3-8388-3778-9

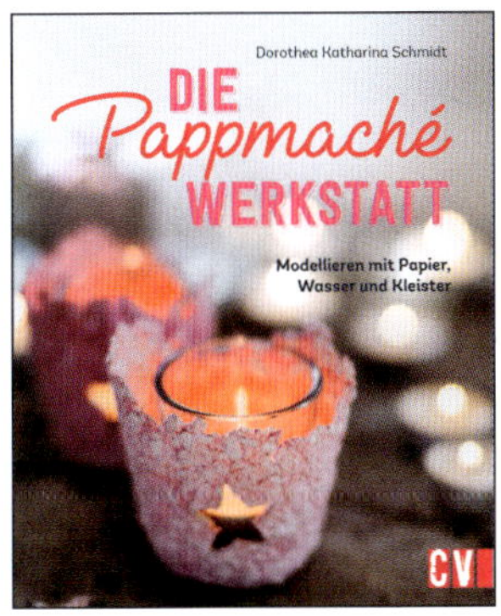

ISBN 978-3-8388-3811-3

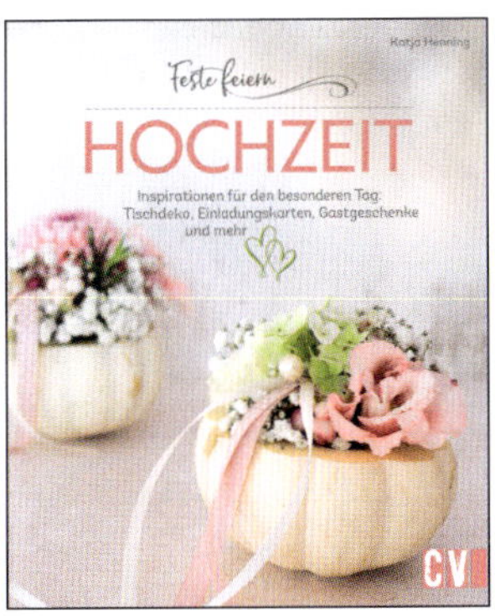

ISBN 978-3-8388-3842-7

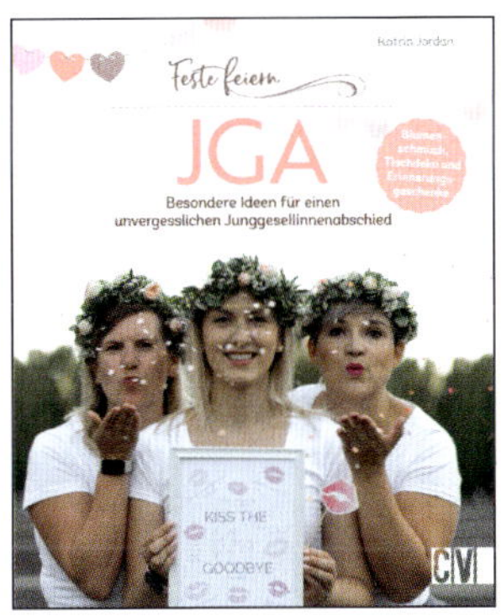

ISBN 978-3-8388-3851-9

CV

www.christophorus-verlag.de

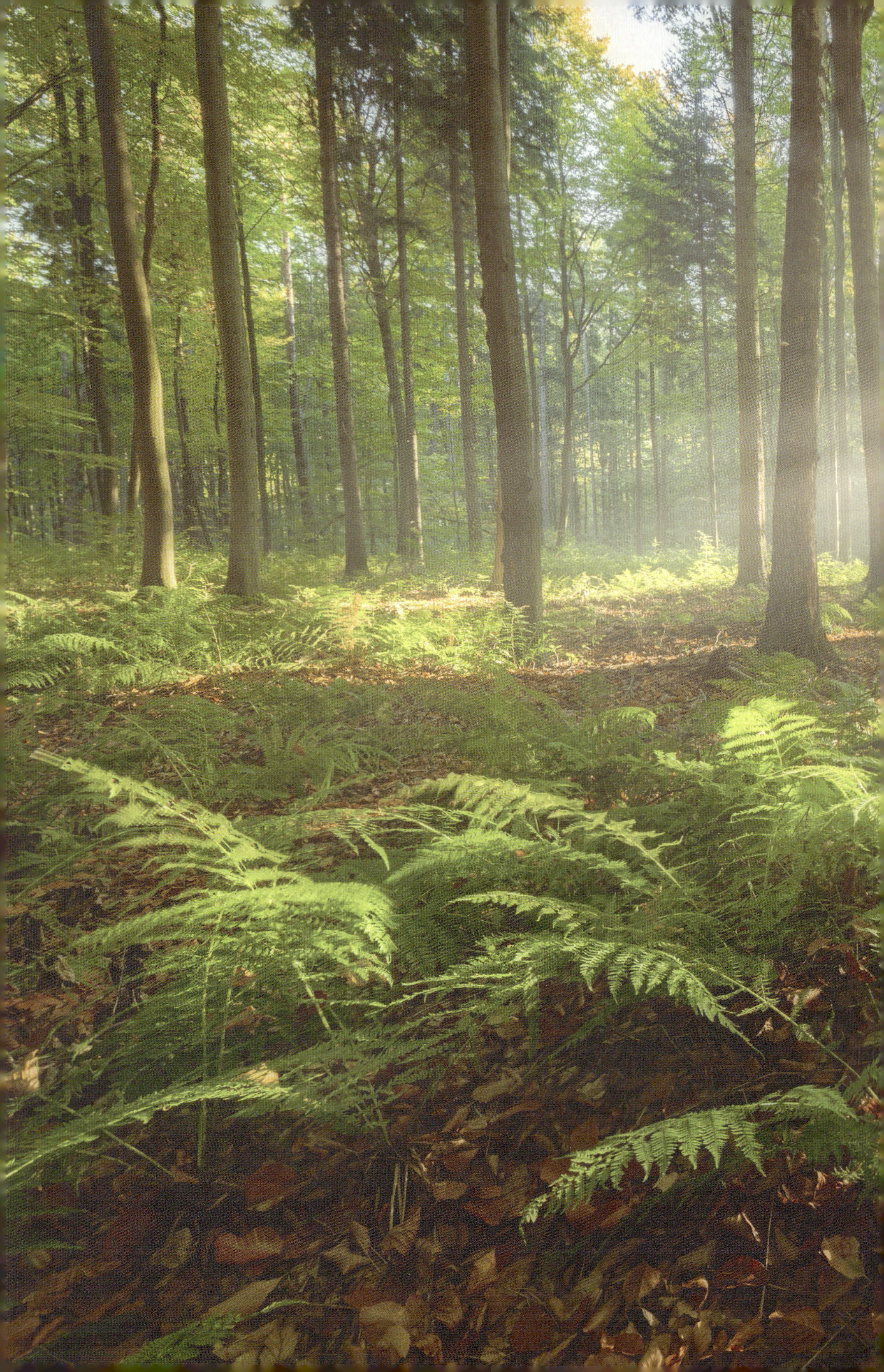